KB217380

현대 기독교교육과 선구자들

현대 기독교교육과 선구자들
– 기독교교육을 변화시킨 여성들

초판 1쇄 발행 | 2017년 5월 29일
엮은이 | 바바라 앤 킬리
옮긴이 | 유재덕
펴낸이 | 이재승
펴낸곳 | 하늘기획
마케팅 | 이숙희 · 최기원
관리부 | 이은성 · 한승복
북디자인 | 최수정
주소 | 서울 중랑구 상봉동 136-1 성신빌딩 지하1층
등록번호 | 제6-0634호
ISBN 978-89-92320-16-0

총판 | 하늘물류센타 **전화** | 031-947-7777 **팩스** | 0505-365-0691

Copyright ⓒ 2017, 유재덕

※ 정가는 뒷표지에 있습니다.
※ 잘못되거나 파손된 책은 구입하신 서점에서 교환하여 드립니다.

이 책은 2016년 서울신학대학교 교내 학술연구비지원에 의한 저서임

현대 기독교교육과 선구자들

– 기독교교육을 변화시킨 여성들

바바라 앤 킬리 엮음/유재덕 옮김

하늘
기획

Faith of Our Foremothers
- Women Changing Religious Education
Edited by Barbara Anne Keely

나의 어머니 새라 킬리(Sara Elizabeth Rowlands Keely), 그리고 같은 이름의 조카 새라 핸슨(Sara Elizabeth Hanson)에게 바친다.

차례

일러두기 ──────────────────────── 6

저자들 ───────────────────────── 10

1장 서론: 여성 선구자와 멘터 ───────────── 13

2장 소피아 파즈: 종교적 현대주의자, 진보주의 교육학자 ─── 35

3장 훌다 니버: 예술가로서의 교사 ────────── 65

4장 닐 머튼: 급진적 여정 ───────────── 91

5장 아이리스 컬리: 말씀의 전달자 ───────── 121

6장 노마 톰슨: 종교간 대화의 헌신자 ─────── 147

7장 새라 리틀: 소명을 따르는 교육자 ─────── 171

8장 레티 러셀: 파트너십을 위한 교육 ─────── 197

9장 마리아 해리스: 미학과 에로틱 정의 ────── 223

10장 결론 ───────────────────── 245

참고문헌 ──────────────────── 249

일러두기

이것은 여성 선구자들에 관한 책이다. 저자들은 인생에 영향을 끼친 여성들 가운데 일부를 소개하고 싶다.

셰리 블룸벅(Sherry H. Blumberg)의 삶과 신앙은 유대인 교육의 한계를 탐구하도록 격려한 필리스 민처(Phyllis Mintzer), 같은 공동체에서 정치학과 인간이 되도록 가르쳐준 지혜로운 헬렌 머렛(Hellen Meret)에게 영향을 받았고, 글로리아 더카(Gloria Durka), 마리아 해리스(Maria Harris), 그리고 메리 무어(Mary Elizabeth Moore)에게는 처음에는 글로, 나중에는 인격으로부터 영향을 받았다.

엘리자벳 콜드웰(Elizabeth Francis Caldwell)은 사랑으로 길러준 성실한 여성들인 할머니 패니 글렌(Fannie Glenn), 프랜시스(Francis)와 글래디스 콜드웰(Gladys Pitts Caldwell), 숙모 모린 피츠(Maureen Harp Pitts)와 제인 콜드웰(Jane Milner Caldwell), 자매 캐시 린 콜드웰 후프(Cathy Lynn Caldwell Hoop), 그리고 누구보다 특별히 어머니 메이블 엘리자벳 프랜시스 콜드웰(Mabel Elizabeth Francis Caldwell)에게 감사한다.

쥬딧 도니(Judith A. Dorney)는 여성 선구자들, 특히 스승이 되어준 마리아 해리스(Maria Harris), 캐럴 길리건(Carol Gilligan), 그리고 어머니 엘리자벳 앤더슨(Elizabeth Sheehan Anderson)에게 감사한다.

수잔 헬로(M. Susan Harlow)는 인생의 선구자였던 여성들, 특히 어머니 마가렛 헬로(Margaret Anna Thompson Harlow), 그리고 멘터였지만 세상을 떠난 앤도버뉴턴신학대학원 사회윤리학 교수 제인 펙(Jane Cary Peck)에게 감사한다.

캐럴 헤스(Carol Lakey Hess)는 멘터일 뿐 아니라 더할 수 없이 즐겁고 개인적으로도 의미 있게 연구해온 논문들의 주제를 제공해주는 프레다 가드너(Freda Gardner)에게 감사한다.

로라 루이스(Laura Brooking Lewis)는 인생의 선구자들, 특히 어머니 글래디스 브루킹(Gladys Trull Brooking)과 박사 지도교수 새라 리틀(Sara Little)에게 감사한다.

이스텔 매카시(Estelle Rountree McCarthy)는 가능성을 키워주고 스스로 음성을 찾도록 도와준 5학년 담임선생님 페이 커트랜드(Faye Kirtland)를 존경한다.

조이스 머서(Joyce Ann Mercer)는 여성 선구자인 4학년 담임선생님 바바라 파웰(Barbara Powell), 그리고 레티 러셀(Letty Russell) 박사와 엘리자벳 헬러(Elizabeth Downing Heller) 목사에게 감사한다.

메리 무어(Mary Elizabeth Mullino Moore)는 어머니 엘리자벳 멀리노(Elizabeth Heaton Mullino)와 외할머니 아이네즈 히튼(Inez baker Heaton) , 외고조할머니 버지니아 필립스(Virginia

Adelaid Phillips), 할머니 올라 멀리노(Ola Olge Mullino), 의붓 할머니 앤지 멀리노(Angie Mullino), 그리고 시어머니 에밀리 매튜스(Emily Johnson Mathews)와 블랑슈 무어(Blanche Cirder Moore)에게 감사한다.

욜랜더 스미스(Yolanda Y. Smith)는 하나님의 부름을 온전히 따르도록 삶을 인도하고 영감을 안겨준 할머니 존스 스미스(Wille E. Jones Smith), 외할머니 앤지리 헌즈(Angilee Streeter Hearns), 어머니 베라 스미스(Vera G. Hearns Smith), 안젤라 스미스(Angela G. Smith) 수녀, 그리고 발렌셔 워드(Valencia M. Ward) 수녀에게 감사한다.

린다 보글(Linda J. Vogel)은 선구자이자 멘터가 되어준 다음의 여성들을 감사하면서 기억한다. 믿음과 소망으로 삶과 죽음을 마주한 어머니이자 친구였던 글래디스 헛슨(Gladys Baker Hutson), 1960년대 이후로 교수와 아내이면서 어머니가 되는 게 무엇을 의미하는지 모범을 보여준 엘렌 올리버(Ellen Oliver), 그리고 처음부터 동료와 친구가 되어서 줄곧 관심을 갖고 함께 한 넬 슬레이터(Nelle Slater).

이 책은 동료들이 종교교육의 여성 선구자들을 소개하는 것에 호응하는 바람에 출판하게 되었다. 그 여성들은 편집을 맡은 나를 격려하고 의견을 제시하면서 멘터가 되어주었다. 엘리자벳 콜드웰, 캐럴 헤스, 그리고 윌리엄 마이어스(William Myers)에게 각별히 감사한다. 처음부터 이 일을 추진하도록 격려를 아끼지 않았다. 일을 진행하는 동안 몇 가지 중요한 제안을 해준 립 콜드웰(Lib Caldwell)에게도 역시 감사한다.

나는 격려를 아끼지 않고 도전하면서 새로운 방식으로 바라보도록 도 와준 이들과 함께 하는 축복을 누렸다. 스승 조디 나이퀴스트(Jody Deering Nyquist), 메이 벨(mae Arnold Bell), 프레다 가드너(Freda Gardner), 마리아 해리스, 그리고 이스텔 매카시(Estelle Rountree McCarthy)는 교회교육의 소명에 대한 모범이며 멘터였다. 레티 러셀 박 사는 내가 담당하는 사역의 틀이 된 아이디어와 조언을 제공했고, 엘리자 벳 헬러(Elizabeth Downing Heller)는 삶으로써 소명을 실천하며 살아 가도록 만든다. 트윈시티에 있는 유나이티드신학대학원의 동료들과 학생 들은 가르치고 배우도록 격려를 아끼지 않는다. 웨스트민스터 존녹스 출 판사에서 편집을 담당하는 스테파니 이그노토비치(Stephanie Egnotovich)는 즐겁게 작업한 이 프로젝트의 동역자이다. 그녀의 배려 덕분에 이 책이 더욱 훌륭해졌다. 좋은 친구로 지내는 로버트 피어슨 (Robert Pierson)에게 특별히 감사한다.

바바라 앤 킬리

저자들

셰리 블룸벅(Sherry H. Blumberg)은 뉴욕의 히브리유니언대학 – 유대종교연구소 랍비교수단에 소속된 유대교육학 조교수이다.

엘리자벳 콜드웰(Elizabeth Francis Caldwell)은 시카고의 매코믹신학대학원의 목회신학 교수이다.

쥬딧 도니(Judith A. Dorney)는 뉴팔츠의 뉴욕주립대학 교육학과 조교수이다.

수잔 핼로(M. Susan Harlow)는 일리노이주 시카고의 미드빌/롬바드신학대학원 종교교육학 조교수 및 종교교육센터장이다.

캐럴 헤스(Carol Lakey Hess)는 뉴저지주 프린스턴신학대학원 기독교교육학 조교수이다.

바바라 킬리(Barbara Anne Keely)는 미네소타 트윈시티의 유나이티드신학대학원 기독교교육학 조교수 및 평생교육소장이다.

로라 루이스(Laura Brooking Lewis)는 텍사스주 오스틴장로회신학대학원 기독교교육학 조교수이다.

이스텔 매카시(Estelle Rountree McCarthy)는 버지니아주 리치먼드의 장로교기독교교육학대학원 명예교수이다.

조이스 머서(Joyce Ann Mercer)는 조지아주 애틀란타의 에머리대학박사과정에 재학 중이다.

메리 무어(Mary Elizabeth Mullino Moore)는 캘리포니아의 클레어몬트신학대학원 신학 및 기독교교육학 교수이다.

욜랜더 스미스(Yolanda Y. Smith)는 캘리포니아의 클레어몬트신학대학원 박사과정에 재학 중이다.

린다 보글(Linda J. Vogel)은 일리노이주 에번스턴의 개럿신학대학원 기독교교육학 교수이다.

1장

서론

여성 선구자와 멘터

바바라 킬리(Barbara Anne Keely)

　나는 목사 안수 과정의 일부로서 목회에 필요한 재능을 확인하는 서류를 작성했다. 기독교교육을 장점들 가운데 하나로 강조했다. 안수위원이 눈길을 건네면서 말했다. "기독교교육은 여성이 흔히 하고 싶어 하는 일이지요." 그 자리에서 나는 교회에서 "여성이 흔히 하는 일"로 스스로를 규정하지 않으려는 도전을 감행하고 있다는 것을 곧장 실감했다. 이런 결정을 내리기까지는 갈등이 있었다. 나의 소명이 교회의 교육사역에 근거하고 있다는 것도 역시 잘 알고 있었기 때문이다.
　신학과 해석학에 페미니스트적으로 접근하는 것에 관심을 갖게 되자 나의 열정이었던 기독교교육이 페미니스트들 사이에서 제 목소리를 내지 못하고 있다는 사실을 알게 되었다. 내가 염려하는 태도는 이런 식이었다. "무엇 때문에 교회교육을 페미니스트적으로 접근해야 할까? 그곳은 결국 여성이 일해야 할 곳으로 늘 '간주되는' 분야가 아닌가." 교육을 제외하고 여성들이 페미니스트 접근이나 자신들의 목소리를 토론하고 싶어 하는, 내가 참가하는 학술대회의 횟수는 충격적이었다. 이미 "여성의 일"이라고 꼬리표가 붙은 것을 새롭게 바꾸는데 에너지를 쏟는 게 너무 힘들지 않을까? 풀려날 길은 없는 것일까?
　회중사역을 담당하고 신학대학원에서 교수로 지내면서 "교육"이라고 부르는 이 과정을 교회의 페미니스트적 사역과 통합해야 한다고 확신하게 되었다. 어떻게 사람들이 가르치고 배우는지, 무엇을 배우는지, 누가 학습자로서 격려를 받아야 하는지에 대한 모든 게 교회의 교육사역에서는 명확하다. 모두가 종교교육에 대한 페미니스트적 접근의 핵심이다.

다행히 종교교육학계에서는 점차 페미니스트들의 음성이 커지고 있다. 헌신적인 여성과 남성들이 연례 종교교육학 교수들의 모임에서 페미니스트적으로 대화를 진행하려고 노력한다.[1] 하지만 선례가 없다면 과거로 다시 돌아가서 앞장섰던 여성들, 즉 페미니스트적 접근이라는 개념이 이름을 얻기도 전에 교회의 교육사역을 거론하고 가르치고 재구상한 여성들의 음성을 고수해야 한다.[2] 이 책의 목적은 일부 여성 선구자들의 이름을 거론하고, 그들의 목소리를 앞세우고, 그리고 새로운 페미니스트 종교교육학자인 우리 세대가 제몫으로 주장하고 활동하는 종교교육학의 분야에 그들의 유산을 소개하는 것이다.

여성들은 오랫동안 "여성의 일"로 간주된 종교교육의 일부였다.[3] 역사적으로 늘 그랬던 것은 아니지만, 20세기에 종교가 한층 더 사유화되는 바람에 어린이 종교교육은 가정에서 할 일, 곧 여성의 책임이 되었다.[4] 전통적으로 여성 사역을 남성의 그것보다 중요하게 간주하지 않다보니 종교교육은 남성의 영역으로 인정받는 분과학문에 미치지 못하는 것으로 평가되었다.

게다가 종교교육에 대한 여성의 업적은 거의 기록으로 남지 않았다. 그것을 "여성이 하는 일"로 간주한 게 일부 이유이고, 종교교육이 20세기에 비로서 학문의 분과로 발전했다는 게 또 다른 이유가 된다.[5] 1903년 종교교육협회(Religious Education Association, REA)의 출범으로 그 새로운 분야가 이름을 얻게 되었고, 이후로도 계속해서 발전했다. 보다 최근에는 종교교육교수연구자협회(Association of Professors and

Researchers in Religious Education, APRRE)의 창립으로 정체성이 확실해졌다.

REA 출범 당시에는 일부 여성들이 주도했지만, 근래에는 REA와 APRRE 양쪽에서 다양하게 적극적으로 역할을 담당하고 있다. 이런 주도적 인물 가운데는 APRRE와 미국기독교교회협의회(NCC)의 기독교교육전국대회에서 활약했던 새라 리틀(Sara Little)이 있다.[6] 1989년에는 APRRE 연례모임의 여성을 위한 오찬 시간에 새라 리틀의 은퇴를 축하했다. 하지만 수많은 여성들이 그랬듯이 그녀의 일화와 영향력 역시 삶이나 유산을 문서화하지 않으면 사라져버릴 것이다.

여성들이 종교교육을 수행하는 방식은 우리의 전공분야에 스며들어있다. 이 책의 목적은 20세기의 보다 영향력 있는 일부 여성 종교교육학자들의 이야기와 학문, 멘터링, 그리고 분과학문의 발전에 얽힌 일화를 수집하는 것이다. 이 역사 덕분에 여성들이 종교교육학계는 물론, 현재 페미니스트의 틀 안에서 종교교육을 발전시키고 있는 여성들에게 끼친 영향 가운데 일부를 확인하게 된다.

이 책은 일차적으로 여성 교육학자들에 관한 역사이다. 하지만 종교교육에 대한 페미니스트 접근의 배경과 발전을 탐구해서 풍성한 역사와 발전과정이 소실되지 않도록 하는 것 역시 중요하다. 여기서 거론되는 일화들과 학문에 얽힌 여성들은 나머지 전문적인 교육학자들을 위한 학자이면서 스승이었다. 하지만 그들은 그 길에 앞장섰던 모범에 지나지 않는다. 그보다 더 많은 인물들이 존재한다. 이 책은 기독교교육이나 종교교육 지도자로 활동했던 수많은 여성들의 일화를 다루지 않는다. 대신 종교교육학이라는 분과학문의 발전에 기여한 여성들에게 초점을 맞추었다.

적어도 이 책을 준비하면서, 그리고 여성 선구자들에 관한 일화를 접하는 과정에서 경험한 이런 여성들이 남긴 가장 소중한 유산은 멘터의 책임감일 수 있다. 파멜라 홀리먼(Pamela Holliman)은 멘터링을 "여성이 자신의 개성과 재능에 관해서 도움, 긍정, 그리고 도전을 경험할 수 있는 일종의 관계"로 정의한다. "멘터링은 자신의 철학과 문화관을 비판적으로 성찰하고, 스스로의 선택과 기회, 그리고 실제 한계를 평가하는 관계적 공간이다."[7] 여성 선구자들은 교육을 멘터링, 즉 보다 능숙한 사람이 성장하려는 사람에게 건네는 선물로 받아들였다. 열망을 확인할 수 없는 곳에서는 찾아보고, 힘을 불어넣고, 준비시키고, 그리고(어쩌면 이것이 무엇보다 강력할 수 있는데) 선물을 받는 게 학습자 자신보다 하나님의 나라를 위해 어떤 도움이 될 수 있을지 분명하게 제시했다.

이 글은 내가 직접 겪은 멘터링에 대한 존경의 표시이다. 책에 등장하는 일부 여성들은 연구 방향을 잡을 수 있게 도움을 주었다. 대학원 첫 학기에 기독교 성인교육을 가르쳐주었고, 박사과정에서 격려를 아끼지 않았을 뿐 아니라 학위논문의 주제가 되어주었다. 나머지 여성은 무엇보다 저서를 통해, 그리고 이제는 이 책의 내용을 통해서 친숙해졌다. 아이리스 컬리(Iris Cully)는 여성 입장에서 함께 작업할 기회가 없었지만, 은퇴 이후에도 여전히 전문적인 모임에 성실하게 참석해서 그녀를 선구자로 간주하는 우리의 모범이자 멘터가 되고 있다. 이 여성들이 나와 여러 사람들의 삶 속에 함께 했었다는 축복 때문에 가슴이 벅차오른다.

이 책은 우리 세대 여성 종교교육학자들과 몇 차례의 대화를 거치면서 만들어졌다. 우리의 작업과 함께 영향을 받은 이들을 거론하는 과정에서 일부 여성의 이름이 계속 오르내렸다. 1983년에 출판된 「현대 종교교육학자들」(Modern Masters of Religious Education)은 "20세기 후반에 종교교육의 구조와 방향에 결정적인 영향을 미친 열두 명의 인물"을 소개했다.[8] 열두 명 전부 남성이었다. 레이철 헨더라잇(Rachel Henderlite), 닐 머튼(Nelle Morton), 아이리스 컬리(Iris Cully), 새라 리틀(Sara Little)은 어디에서도 찾아볼 수 없었다. 이들은 모두 여성들이다. 이 책은 다른 수많은 사람들이 그랬듯이 종교교육의 발전을 거론할 때마다 이름이 거론되지 않았던 여성들에게 바치는 헌사이다.[9]

그 여성들을 현재 발전 중에 있는 종교교육에 대한 페미니스트 접근의 선구자로 서술하더라도 모두를 페미니스트로 간주하는 것은 옳지 않다. 나는 여성 각자의 일화를 읽고 그들이 지금의 페미니스트적 작업을 어떻게 한층 더 풍요롭게 만들었는지 귀를 기울이도록 초대한다.

이 책을 편집하면서 대상을 정하는 게 무엇보다 어려웠다. 보다 포괄적인 책이라면 거의 20명 이상의 여성 종교교육학자들이 포함되었을 것이다. 그렇지만 결국에는 지금의 활동은 물론 역사적 영향력을 일차적인 기준으로 삼았다. 선별한 여성들은 종교교육학계의 다른 시대, 교육의 다른 역사 및 사회 상황, 학문에 대한 다른 관심, 종교교육학에 대한 다른 접근, 그리고 다른 교파를 대표한다.

종교교육의 최근 발전에는 에큐메니칼을 지향하는 접근이 포함된다. 종교교육협회(REA)와 종교교육교수연구자협회(APRRE) 회원은 에큐메니칼을 추구하고 종파를 넘어선다. 여성 종교교육에 대한 나의 입장 역시 전반적으로는 기독교적이면서도 에큐메니칼을 추구한다. 에큐메니칼을 추구하는 종교교육 관점에서 노마 톰슨(Norma Thompson)의 리더십을 다룬 여성 선구자에 관한 내용은 유대 종교교육의 지도자 셰리 블룸벅이 집필했다. 톰슨의 작업 덕분에 여성들은 이제 종파의 한계를 넘어서 적극 활동할 뿐 아니라 종교교육에 대한 페미니스트적 접근을 규정하는 한층 더 에큐메니칼한 방식을 활용한다.[10] 하지만 이 책에서는 미국 출신 여성

들로 국한했다. 외국에서 종교교육의 범위를 확대하는 이들도 물론 있다.[11]

이 여성 선구자들에 대한 일화에는 우리가 그들의 유산을 통해 배우고, 종교교육학의 다음 세대가 새로운 세기에 페미니스트 작업을 엮어나갈 때 필요한 일부 내용을 확인할 수 있다는 기대가 포함되었다.

종교교육과 페미니즘

페미니즘는 간단하게 정의할 수 없다. 게다가 이 책의 목적은 종교교육에 대한 페미니스트적 접근을 획일적인 관점으로 제시하는 게 아니다. 내가 정의하는 "페미니스트"(feminist)라는 용어에는 여성과 남성의 평등에 대한 헌신, 그리고 모든 만물을 거룩하게 간주하는 게 포함된다. 나는 이 책에서 서로 맞물려서 페미니스트 활동의 흐름을 보여주는 여덟 개의 요소들을 찾아냈다. 그것들은 여성들의 활동에 국한되지는 않는다. 그렇지만 내가 보기에는 "페미니스트적"으로 접근하려는 모든(아니면 적어도 대부분의) 종교교육의 경우에 분명하게 드러나지 않으면 안 된다. 다른 요소들 역시 중요할 수 있지만, 이 여덟 개는 새로운 흐름이 형성되는 여성의 종교교육 활동과 여성 선구자들의 삶에 드러난 요소를 검토할 때 기본적인 틀이 된다. 여러분은 이 책의 내용을 통해 다양한 여성들의 삶을 구성하는 요소들을 접하게 될 것이다. 동시에 그것들은 여러 세대에 걸쳐서 점진적으로 발전해온 모습을 제시한다.

1. 첫째 요소는 삶과 경험을 교육적 사건과 통합하는 것이다. 콘월 콜

렉티브(Cornwall Collective)는 이렇게 말한다. "페미니스트적 접근의 기본은 … 교육을 전일적 과정으로 이해하는 것이다."[12] 종교교육은 인지적 이해뿐 아니라 전인을 형성하는데 관심을 갖는다. 다른 것과 마찬가지로 종교적 앎은 우리의 삶에 근거하고 형성된다. "모든 지식은 구성되고, 또 인식 주체는 인식 대상의 본질적 일부이다."[13]

2. 페미니스트 종교교육은 공동체에서 발생한다. 그 과정의 일부가 타인의 음성을 듣는 것이면서 타인으로 하여금 "우리에게 귀를 기울이고 말하도록" 용납하는 것이다.[14] 교육이 진행되는 상황에서 "여성은 스스로의 삶과 다른 여성의 삶 간의 관련성은 물론 의사소통 방식을 포기하려고 하지 않는다. 그런 문화적 관련성이 그들의 모습을 형성했다. 시간을 공유하고 힘을 실어주고 밀접한 관계를 유지하게 되면 여성으로서의 특성이 드러난다."[15]

3. 페미니스트 종교교육은 해방적이다. 레티 러셀은 페미니스트 교육학자로 성장해온 과정을 뒤돌아보면서 이렇게 피력한다. "「페미니스트 관점(신학)에서 본 인간 해방」(Human Liberation in a Feminist Perspective)을 출판한 이후로 줄곧 교육을 해방, 즉 전적으로 인간적인 사회에서 하나님의 창조에 참여한다는 의미에서 억압의 의미를 … 행동과 성찰의 과정으로 거듭해서 서술했다."[16] 하지만 해방은 행위를 의미하기 때문에 해방적인 종교교육은 역시 정치적이다.[17] 가령, 레이철 헨더라잇과 닐 머튼은 모두 남부의 급진적 정의운동에 깊숙하게 관여했다.[18]

4. 넷째 요소는 교회 내부의 권력은 물론 평신도와 성직자의 협력관계를 중시하는 것에 주목한다. 아주 오랫동안 평신도 사역은 교회에서 "안수를 받은" 이들의 사역에 부속된 것으로 간주되었다. 이것은 권력의 문제이고, 페미니스트들은 권력이 상호적이어야 하고 공유되지 않으면 안

된다는 사실을 알고 있다. 덕분에 교회의 모든 구성원이 지닌 재능은 교회생활에서 중요하다. 종교교육에 대한 페미니스트 접근은 교회가 사람들이고, 그리고 교회를 구성하는 사람들 모두 하나님의 사역으로 부름 받았다고 해석한다.

5. 종교교육이 근거하는 상황은 직접적인 학습공동체에 국한되지 않는다. 우리는 경험에 근거하는 존재로서 우리가 여성의 역사 및 사회적 상황에 영향을 미치려고 할 때조차 그런 상황에서 벗어나지 못한다. 하나님의 모든 창조물을 위한 종교교육에 헌신하는 것은 이것과 무관하지 않다.

6. 페미니스트 학문에서는 이론과 실제를 통합한다. 교육은 전인을 중요하게 간주하기 때문에 우리가 하는 것을 '어째서' 해야 하는지는 우리가 하는 것을 '어떻게' 해야 하는지와 연결되어야 한다. 페미니스트 교육학자 메리 무어(Mary Elizabeth Mullino Moore)는 "교육의 이론과 실제에 대한 열정은 관계 안에 [반드시] 자리해야 한다"고 주장한다.[19] 종교교육에 대한 페미니스트적 접근은 교육적 시도에 전체적으로 관심을 기울여야 한다.

7. 언어는 종교적 앎을 형성한다. 마리아 해리스(Maria Harris)가 피력하듯이 "현대 페미니즘의 영향을 최초로 자각한 것은 포괄적 언어의 문제를 의식할 때였다." 우리는 "인간으로서 언어를 창조할 뿐 아니라 동시에 언어가 우리를 창조한다"는 것을 이해하기 시작했다.[20] 페미니스트 교육학자들은 우리가 구사하는 여성과 남성의 언어와 그 이외의 배타적 형식에 주목해왔다.[21] 페미니스트는 교회생활을 하면서 "하나님에 대한 상징이 전반적인 교육체계의 일차적 상징, 경험과 삶과 세계를 이해하는 데 필요한 궁극적 준거점"이라는 것을 이해하는 게 무엇보다 중요하다.

"따라서 어느 신앙공동체가 암묵적으로 하나님에 관한 언어를 구성하는 방식은 지고의 선, 최고의 진리, 가장 매력적인 아름다움이 되는데 필요한 것을 상징한다."[22] 종교교육에 대한 페미니스트적 접근은 우리의 상상력과 하나님의 이미지를 형성하는 언어의 능력을 알고 있다. 하나님은 "그"(he)가 아니라, 하나님은 "하나님"이고, 그리고 우리가 하나님을 말하려고 구사하는 언어는 하나님에 대한 이해는 물론 하나님의 형상으로 만들어졌다는 게 우리에게, 즉 여성과 남성에게 무엇을 의미하는지를 형성한다.

8. 종교교육은 교사와 학습자의 협력에 근거한다. 레티 러셀에 따르면 "파트너십은 이미 오래 전에 성취되었어야 할 개념이다. … 그리스도인은 파트너십을 우리의 삶에서 우리와 하나님의 파트너십이라는 선물에 근거한 상호이해와 신뢰의 관계로 받아들여야 한다."[23] 교사이면서 학습자이고 학습자는 동시에 교사이다. 따라서 서로 존중하고 개방되어 있다. 권력과 권력의 분배(empowerment)에 대한 관심은 페미니스트 교육학자에게 중요하다. 벨 훅스(bell hooks)에 따르면 "우리가 페미니스트적 교육학을 혁명적으로 수행하기 위해서는 지배를 강화하는 전통적인 교수법과의 연대를 포기하지 않으면 안 된다. … 페미니스트 교육학을 소유하려면 학생 – 교사의 관계와 권력의 문제에 초점을 맞춰야 한다."[24] 닐 머튼은 페미니스트 운동에 관한 논문에서 이렇게 주장한다. "한 가지 방법의 변화는 권력의 존재를 인정하는 것이다. 관념적 교육은 학습을 통한 현존, 즉 상처와 좌절과 호감과 기쁨이 담긴 우리의 이야기를 하는 것을 포기한다. … 스스로의 이야기를 하는 것은 나의 이야기를 상대의 이야기로 인도하게 되고, 그래서 결국에는 '우리 모두가 길고, 아주 긴 이야기의 일부' 하고 생각하게 된다."[25]

페미니스트적으로 종교교육에 접근하는 형식을 구성하는 사람들은 열정적이다. 우리는 여성 선구자들의 일화를 들어서 열정의 근거가 충분하다는 것을 알고 있다. 성과는 많지만, 여전히 많은 게 남아 있다. 주디스 도니(Judith Dorney)는 다음에 유의하도록 요구한다. "우리의 교육에서 여성의 음성과 경험을 포함시키는 과정은 단순히 전통적인 종교교육의 내용에 또 다른 내용을 추가한다는 뜻이 아니다. 그것은 종교교육이 어떤 방식으로, 얼마나 수행되었는지 다시 생각해보는 것이다."[26]

페미니스트 종교교육은 한창 발전하고 있다. 글로리아 더카(Gloria Durka), 메리 무어(Mary Elizabeth Mullino Moore), 캐럴 헤스(Carol Lakey Hess)는 현재 명칭을 정하는 것과 더불어서 페미니스트적 인식론과 교수학습 방법, 그리고 여성의 인식 방법이 교회와 신학대학원에 소속된 여성과 남성을 위한 종교교육에 얼마나 중요한지 이해할 수 있도록 도움을 주고 있다.[27] 이 책은 그 과정의 일부로 기획되었다. 나는 우리 시대 동료들에게 우리보다 앞서 활동한 일부 여성들을 반영하도록 요청했다. 그 여성들 – 그리고 더 많은 여성들 – 이 발전시킨 우리의 분야는 흥미진진하다! 한 권의 책으로 모든 이야기를 담아낼 수는 없다. 여성들을 다룬 이 책을 우리가 "본보기로 제시하는" 명단으로 간주해주었으면 좋겠다.

종교교육의 선구자들

비록 나는 스스로를 기독교교육학자라고 생각하지만, 이 책에서는 보다 범위가 넓은 '종교교육'(religious education)이라는 용어를 사용한다. 상당수 여성이 이 글에서 거론하는 전문적인 기관들 때문에 '종교적' (religious)이라는 에큐메니칼한 용어를 선택하게 되었다.[28] 아울러서 이들 여성 가운데 일부는 의도적으로 스스로를 "종교"(religious) 교육학자로 간주하는 쪽을 선택했지만,[29] 나머지는 "기독교"(Christian) 교육학자를 사용한다. 이 여성들의 이야기에서는 "종교적"이라는 용어가 한층 더 포괄적인 느낌을 갖게 한다.

전기들은 모두 비슷한 틀을 활용한다. 저자들은 여성 선구자를 소개하는 것으로 시작해서 역사적 및 사회적 상황과 연계한다. 각 장마다 그 여성의 학문과 교육경력을 개관하고, 종교교육 분야에 끼친 영향을 거론하고, 그리고 페미니스트 교육의 흐름에 기여한 내용을 확인한다. 마지막에 가서 유산을 검토한다. 이 여성들은 모두 탁월하다.

소피아 파즈(Sophia Lyon Fahs, 1876-1978)는 자유주의 종교교육운동의 발전에 기여했다.[30] 1926년 뉴욕의 유니언신학대학원에서 석사학위를 취득했고 다른 여성과 함께 최초로 교수로 임용되었다. 그녀는 유니언 종교학교의 교장 뿐 아니라 진보적인 어린이 종교교육 활동으로 유명해졌다. 61세에 미국 유니테리언협회의 어린이 교육자료 편집자가 되었고, 82세에 유니테리언 목사로 안수 받았다.

훌다 니버(Hulda Niebuhr, 1889-1959)는 교수방법론 분야에서 존경을 받는 창조적인 기독교교육학자이다.[31] 유니언신학대학원과 컬럼비아대학 사범대학원의 박사 협동과정을 마치고 메디슨애비뉴장로교회에서 사역했다. 보스턴대학과 뉴욕대학에서도 가르쳤다. 남동생들인 라인홀드 니버와 리처드 니버만큼 아주 유명하지는 않았지만, 기독교교육학에서는 중요한 선구자이다. 장로교기독교교육대학원과 시카고의 매코믹신학대학원에서 13년간 교수생활을 하는 동안 기독교교육학계에서 스승이자 이론과 실천의 통합자로 지울 수 없는 흔적을 남겼다.

닐 머튼(Nelle Morton, 1905-1987)은 일평생 인권과 페미니스트 신학 연구로 잘 알려진 교육학자이다.[32] 뉴욕의 성서신학대학원(현재 뉴욕신학대학원)에서 문학석사학위를 취득했다. 과거 미국 장로교회기독교교육위원회에 소속되기 전까지는 교회교육가로 활동했다. 인종의 정의(racial justice)를 위한 활동으로는 1940년대 후반에 남부교인연맹(Fellowship of Southern Churchmen) 사무총장직을 수행했다. 1956년 뉴저지주 메디슨의 드루대학의 신학대학원 교수로 임용되어서 1971년 은퇴할 때까지 거기서 지냈다. 은퇴 이후에도 적극적으로 활약해서 페미니스트 신학과 교육의 지도자가 되었다.

아이리스 컬리(Iris Cully, 1914)는 최근에 활동하는 여성 교육학자 세대에게 누구보다 영향력 있는 여성이다. 성공회에 소속된 그녀는 교회의 교육사역에 일생을 바쳤다. 일리노이주 에번스턴의 개럿신학대학원과 노스웨스턴대학의 박사협동과정에서 학위를 취득했고 여성 최초로 코네티컷의 예일대학과 켄터키의 렉싱턴신학대학원 교수가 되었다. 그녀는 어린이 종교교육과 커리큘럼 개발, 영적 성장, 예배, 그리고 종교교육의 성서적 기초를 연구했다. 컬리는 1974년 여성 최초로 APRRE 회장이 되었다.

노마 톰슨(Norma Thompson, 1915)은 1977년 APRRE 회장을 지냈고 최근에 은퇴하기 전까지 뉴욕대학의 교수를 지냈다. 다원주의에 몰두한 것으로 유명한 톰슨은 종교교육학자들 사이에서 종교간 대화를 격려했다. 연구와 교육을 통해서 신학과 종교교육의 관계를 구축하는데 기여하기도 했다.

새라 리틀(Sara Little, 1919)은 기독교교육을 가르치고 신학과 기독교교육을 통합하는데 힘썼다. 버지니아주 리치먼드의 미국 장로교총회평신도사역자훈련학교(현재 장로교기독교교육대학원, PSCE)에서 종교교육학 석사, 예일대학 신학대학원에서 박사학위를 취득했다. 1951년 PSCE의 교수진에 합류했고 1973년에는 리치먼드의 유니언신학대학원에서도 함께 가르치기 시작했다. 1976년에는 PSCE를 떠났지만 1995년까지 소속을 유지했고, 1989년 유니언신학대학원에서 은퇴했다.

레티 러셀(Letty Russell, 1929)은 1952년 뉴욕 이스트할렘 개신교 교구에서 기독교교육자로 사역을 시작했다. 하버드대학에서 석사학위를 취득한 뒤에 러셀은 과거 미국 연합장로교회에서 여성 최초로 안수를 받았다. 목사가 되어 할렘으로 돌아가서 세계교회협의회(World Council of Churches)에 적극 참여했다. 유니언신학대학원에서 신학석사와 신학박사학위를 취득하고 1974년 예일신학대학원 교수가 되었다.

마리아 해리스(Maria Harris, 1934)는 종교교육학자로서 광범위한 영향력을 발휘했다. 가톨릭에 소속된 그녀는 맨해튼대학에서 문학석사, 유니언신학대학원과 컬럼비아대학 사범대학원에서 교육학으로 박사학위를 취득했다. 1967년부터 1973년까지 뉴욕 로크빌센터의 교구 종교교육 부서에서 근무했다. 브롱스의 포덤대학, 뉴저지의 드루대학과 프린스턴 신학대학원에서 가르쳤고 매사추세츠주 뉴턴센터의 앤도버뉴턴신학대학원에서 몇 해 동안 교수를 지냈다. 해리스는 교수과정과 종교적 상상력, 다종교교육, 청소년사역, 그리고 여성과 교육에 영향을 끼쳤다. 피정을 위한 교육에 적극 참여하고, 여성의 영성과 노화를 주제로 집필하고 있다.

페미니스트 사역의 한 가지 중요한 측면은 공동작업, 즉 관계와 경험이 기초 학문의 타당한 방법들이라는 인식이다. 이 책의 저자들은 종교교육에 대한 요즘의 공헌은 물론 그들이 묘사하는 여성들과의 관계 때문에 선택되었다. 이 저자들은 개인적으로나 저서를 통해서 멘터가 되어준 여성들을 소개한다. 우리는 이 스승들과 학자들의 삶을 잠시 접하게 된다. 우리는 페미니스트로서 이 책의 내용이 "객관적" 전기가 될 수 없다는 것을 인정한다. 저자들은 우리가 속한 분과학문의 기초를 놓기 위해서 객관적 정보와 주관적 인식을 결합하는 방식으로 다른 여성들의 중요한 이야기를 소개한다.[33] 역사학자 로즈메리 켈러(Rosemary Skinner Keller)가 지적하듯이 "기독교 신앙은 살아있는 평범한 성인들의 말이 아닌, 삶의 존재로부터 감동을 받을 때 변혁적으로 바뀐다."[34]

나는 이런 전기들, 그러니까 재능과 영향력이 있는 교회 여성들에 얽힌 일화를 읽도록 여러분을 초대한다. 종교교육의 역사를 더 많이 발굴하고 다시 활용하자. 우리가 시도했듯이 종교교육과 밀접하게 결합된 새로운 형태의 페미니스트 접근을 찾아내는 작업을 시작하자.

1장 주(註)

1. 최근 기독교교육교수연구자협회(Association of Professors and Researchers in Religious Education, APRRE)의 연례 모임에 '젠더와 교육대책위원회'가 추가되었다.

2. 애드리엔 리치(Adrienne Rich)는 페미니스트의 경우에 우리가 지나온 과거에 질문을 던지고 새롭게 모색하는 게 중요하다고 지적한다. "Toward a Woman-Centered University(1973-1974)," in *Women, Culture and Society: A Reader*, ed. Barbara Balliet and Debra Humpreys (Dubuque, Iowa: Kendall/Hunt Publishing Co., 1992), 134.

3. Dorothy Jean Furnish, "Women in Religious Eucation: Pioneers for Women in Professional Ministry," in *Women and Religion in America*, Vol. 3: 1900-1968, ed. Rosemary Radford Ruether and Rosemary Skinner Keller (San Francisco: Harper & Row, 1986), 310. 길트너(Fern Giltner)가 지적하듯이 "종교교육은 여성들에게 책임으로 널리 알려졌고 대부분의 전문적인 종교교육자는 여성들이다." Fern M. Giltner, "Preface" in *Women's Issues in Religious Education*, ed. Fern M. Giltner (Birmingham, Ala.: Religious Education

Press, 1985), 1 볼 것.

4. Susan Thistlethwaite, "The Feminization of American Religious Education," *Religious Education* 76 (July–August 1981): 391. 퍼니시(Dorothy Jean Furnish)는 초창기 "종교교육사 (director of religious education, DRE)라는 직업"의 발전 덕분에 "평신도와 평신도뿐 아니라 종교교육에서 특별한 사역을 발견한 안수 받은 사람들이 모여들었다. … 1929년에는 이 분야에서 남녀의 수가 거의 동일했다." 이것은 경제공황기에 바뀌었고 "1938 년까지 종교교육사 가운데 26%만이 남성이었다. 여성들은 수입이 적어도 기꺼이 일할 의지가 있었고, 덕분에 그것이 본질적으로 여성의 직업이라는 신화가 시작되었다." Furnush, "Women in Religious Eucation," 312 볼 것.

5. Furnish, "Women in Religious Education," 310.

6. Iris Cully, "Women in Religious Education: An Overview," *The Living Light: An Interdisciplinary Review of Christian Education* 12 (spring 1975): 14. 이것은 컬리 박사가 1974년에 종교교육교수연구자협회(Association of Professors and Researchers in Religious Education, APRRE) 회장에 취임하면서 했던 연설이었다. 그녀는 이 조직 최초의 여성 회장이었다.

7. Pamela Holliman, "Mentoring as an Art of Intentional Thriving Together," in *The Arts of Ministry: Feminist-Womanist Approaches,* ed. Christie C. Neuger (Louisville, Ky.: Westminister John Knox Press, 1996), 166.

8. Marlene Mayr, *Modern Masters of Religious Education*

(Birmingham, Ala.: Religious Education Press, 1983)의 표지.

9. 최근 출판된 *A History of Christian Education*, (Nashville, Tn.: Broadman Holman Publishers, 1993)에서 리드(James E. Reed)와 프리보스트(Ronnie Prevost)는 의도적으로 여성과 교육을 거론한다. 그들은 20세기에 속한 20명의 기독교교육자 명단에 백스터(Edna Baxter), 헨더라잇(Rachel Henderlite), 그리고 리틀(Sara Little)을 포함시킨다. 1996년 3월의 APRRE 뉴스레터에는 이런 기사가 실렸다. "1992년 이후 … 윌 케네디(Will Kennedy)는 20세기를 대표하는 교육자들의 구전 역사를 수집해왔다." 15명을 인터뷰했는데, 해리스(Maria Harris), 이텐벅(Sylvia Ettenberg), 리틀(Sara Little)이 유일하게 포함되었다.

10. 이런 에큐메니칼 지도자들 가운데는 "종교 전통의 대화"라는 주제를 다룬 1996판 *Religious Education* (Vol. 91, no. 4[Fall 1996])의 객원편집자를 지낸 리(Sara Lee)와 보이즈(Mary Boys)가 있었다. 이 잡지에는 종교간 교육에 관해서 가톨릭과 유대 교육자들이 2년간 진행한 콜로키움이 실렸다.

11. 미국 이외의 지역으로까지 명단을 확대하면 웹스터(Margaret Webster)를 고려할 수 있다. 캐나다 출신 웹스터는 1981년에 APRRE의 회장을 지냈다.

12. Cornwall Collective, *Your Daughters Shall Prophesy: Feminist Alternatives in Theological Education* (New York: Pilgrim Press, 1980), 6.

13. Mary Field Belenky, Blythe McVicker, Nancy Rule Goldberger, and Jill Mattuck Tarule, *Women's Ways of Knowing: The*

Development of Self, Voice and Mind (New York: Basic Books, 1986), 137. 더카(Gloria Durka)는 "여성의 종교생활을 연구하려고 페미니스트들이 전통적인 학문적 문헌의 외부에서 가져온 연구방법을 구사하는" 접근을 제안했다. "이 단계에서 여성 연구는 여성의 종교적 경험의 회복과 같은 제한된 관점을 가지고 있지만, 지식과 학습에 대한 접근 방식이 자기이미지에 의해서 어떻게 형성되는지에 대한 보다 광범위한 관점을 지니고 있다." Gloria Durka, "The Religious Journey of Women: The Educational Task," *Religious Education* 77 (March–April 1982): 164 볼 것.

14. Nelle Morton, ed. "Hearing to Speech," in *The Journey Is Home*, Nelle Morton (Boston: Beacon Press, 1985), 202–11.

15. Fern M. Giltner, "Structure and Process," in Giltner, ed., *Women's Issues in Religious Education*, 132.

16. Letty M. Russell, "Changing My Mind about Religious Education," *Religious Education* 79 (winter 1984): 7; 러셀 (Russell)은 자신의 저서 *Human Liberation in a Feminist Perspective-A Theology* (Philadelphia: Westminster Press. 1974), 20를 인용한다.

17. Maria Harris, *Women and Teaching: Themes for a Spirituality of Pedagogy* (New York: Paulist Press, 1988), 6.

18. Betty A. Thompson, "Nelle Morton: Journeying Home," *Christian Century* 104 (August 26–September 2, 1987): 711.

19. Mary Elizabeth Mullino Moore, *Teaching from the Heart: Theology and Educational Method* (Minneapolis: Fortress

Press, 1991), 4. 역시 Margaret Webster, "Imperative for Religious Education: The Integration of Theory and Practice," *Religious Education* 77 (March-April 1982): 123-31 볼 것.

20. Maria Harris, "Weaving the Fabric: How My Mind Has Changed," *Religious Education* 79 (winter 1984): 19.

21. 최근에 번역된 성경에는 이렇게 기록되어 있다. "이 번역은 역사적으로 특별한 개인들을 언급하지 않고 의역, 대체 표현, 그리고 포괄적 개념에 작품의 언어를 부합하게 하는 기타 방법을 통해서 인종, 성별, 인종, 피부색, 또는 종교에 대한 모든 경멸적 표현, 그리고 신체적 장애만으로 인물을 모두 파악하는 것을 대체하거나 바꾸려고 노력했다." Victor Roland Gold, Thomas L Hoyt, Jr., Sharon H. Ringe, Susan Brooks Thistlethwaite, Burton H. Throck Morton, Jr., and Barbara A. Wither, *The New Testament and Psalm: An Inclusive Version* (New York: Oxford University Press), viii-ix 볼 것.

22. Elizabeth A. Johnson, *She Who Is: The Mystery of God in Feminist Theological Discourse* (New York : Crossroad, 1992), 4.

23. Letty M. Russell, "Partnership in Educational Ministry," *Religious Education* 74 (March-April 1979): 143; idem, *Future of Partnership* (Philadelphia: Westminster Press, 1979). "파트너십"은 러셀(Letty M. Russell)의 작품에 스며있는 이미지이다. Barbara Anne Keely, "Partnership and Christian Education in the Work of Letty M. Russell" (Ed.D. diss.,

Presbyterian School of Christian Education, 1991) 볼 것.

24. bell books, *Talking Back: Thinking Feminist, Thinking Black* (Boston: South End Press, 1989), 52.

25. Nelle Morton, "Feminist Movement," in *Halper's Encyclopedia of Religious Education*, ed. Iris V. Cully and Kendig Brubaker Cully (San Francisco: Harper Collins, 1990), 258.

26. Judith Dorney, "Religious Education and the Development of Young Women." in Giltner, ed, *Women's Issues in Religious Education*, 62-63.

27. 예컨대 Durka, "Religious Journey of Women," 163-78; Moore, *Teaching from the Heart;* 그리고 Carol Lakey Hess, "Getting Dirty with Dignity: A Feminist Approach to Christian Education," in Neuger, ed., *The Arts of Ministry*, 60-87 볼 것. 그룹(Thomas H. Groome)은 1995년 시카고에서 모인 APRRE 에서 발표한 논문에서 페미니스트 인식론을 가지고서 논지를 전개 한다. "Religious Knowing in an Age of Disbelief" (unpublished paper presented at APRRE meeting October 15, 1995) 볼 것.

28. 예컨대 종교교육협회(the Religious Education Association)와 종 교교육교수연구자협회(Association of Professors and Researchers in Religious Education).

29. 예컨대 Harris, "Weaving the Fabric." 파즈(Sophia Fahs)는 비록 장로교회에서 성장했지만 나중에는 유니테리언으로 돌아서면서 자 신을 종교교육학자로 간주하게 되었다.

30. 파즈에 관한 역사적 자료는 Edith F. Hunter, "Sophia Lyon Fahs:

Educator of Questioning Minds," *Religious Education* 79 (September-October 1978): S126-S138; 그리고 Helen Archibald, "Sophia Lyon Fahs," in Cully and Cully, eds., *Harper's Encyclopedia of Religious Education*, 245.

31. 니버에 대한 역사자료는 Elizabeth Caldwell, *A Mysterious Mantle: The Biography of Hulda Niebuhr* (Cleveland: Pilgrim Press, 1994).

32. 머튼에 대한 역사자료는 Thompson, "Nelle Morton," 711-12.

33. Mary Field Belenky et al., *Women's Ways of Knowing*. 박사학위논문 주제였던 레티 러셀과 함께 시간을 보내기로 결정했을 때 "주체를 인식하는" 페미니스트적 과정이 페미니스트 신학자와 기독교교육자의 학문적 발전에 적합하다고 동의해준 위원회를 운 좋게 접했다.

34. Rosemary Skinner Keller, "Introduction," in Caldwell, *A Mysterious Mantle*, ix

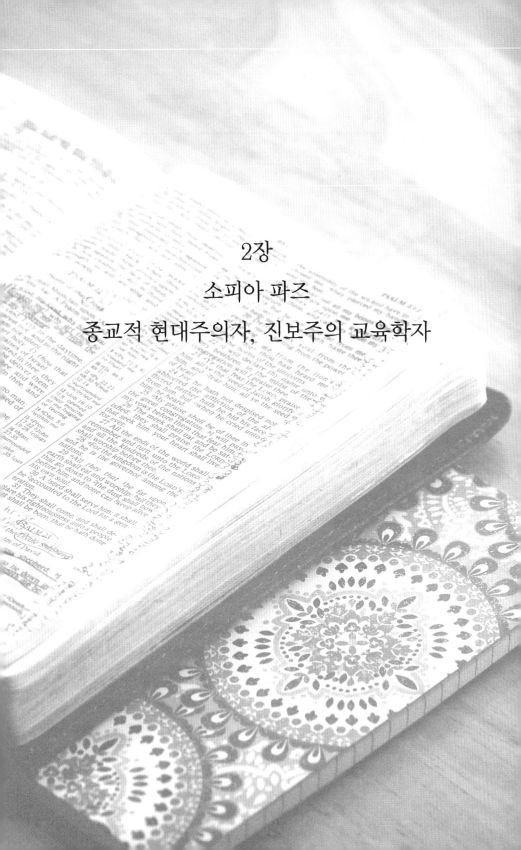

2장

소피아 파즈

종교적 현대주의자, 진보주의 교육학자

수잔 핼로(M. Susan Harlow)

소피아 파즈(Sophia Blanche Lyon Fahs)는 1876년 중국 항저우에서 장로교 선교사 데이빗 라이언(David Nelson Lyon)과 맨더나 라이언(Mandana Doolittle Lyon)의 넷째 딸로 태어났다. 그녀는 1978년 102세를 일기로 세상을 떠났다. 파즈의 삶은 한 세기에 달했고 사역은 일일이 거론하지 못할 만큼 다양했다. 소피아 파즈는 자유주의 종교교육의 개척자로서 어린이의 선천적인 창조성과 호기심을 강조했다.

1879년, 소피아가 세 살 무렵 미국으로 돌아온 부모는 오하이오의 우스터에 정착했다. 이곳에서 성장해서 1893년에 고등학교를 수석으로 졸업했고, 1897년에는 우스터의 장로교대학(현재 우스터대학)에서 우등으로 학사학위를 취득했다.[1]

당시 대개의 젊은 그리스도인 여성들이 그랬던 것처럼 소피아는 하나님을 위한 일을 평생의 사역으로 간주하고 선교사가 되려는 계획을 세웠다. 학부 시절 "지금의 세대에 세계복음화"를 목표로 삼은 학생자원자운동(Student Volunteer Movement)에 가입했다.[2] YWCA 활동에도 역시 적극적이었다. 1896년 여름, 그녀는 우스터에서 1학년을 마치고 위스콘신의 레이크제네바에서 열린 YWCA 집회에 참석했다가 나중에 남편이 될 찰스 파즈(Charles Harvey Fahs)를 만났다.

하비 역시 학생자원자운동에 적극적이었고, 소피아처럼 해외선교사가 되기로 모임에 서약서를 제출한 상태였다. 감리교 목회자의 아들이었던 그는 일리노이주 에반스턴의 노스웨스턴대학을 졸업하고 뉴저지주 메디슨의 드루대학에 입학해서 신학석사를 취득했다. 하비와 소피아는 대학 1학년 시절에 만났다.

약혼 후 4년 동안 소피아는 다양한 직장에 근무했다. 우스터고등학교에서는 라틴어와 영어를 가르쳤다. 2년간 학생자원자운동의 순회총무로 함께 사역하면서 학생들이 선교현장에 합류하도록 격려하고 중서부와 남부의 대학들을 방문했다. 1901년에 소피아는 YWCA 총무로 시카고대학에서 시간근무를 하면서 여학생들을 상대했다.

소피아는 시카고에서 고등비평(Higher Criticism), 즉 성서가 기록된 역사적 및 문화적 상황을 다시 현재화하는 과학적 방법을 활용하려고 시도하던 성서본문에 대한 학문적 접근으로부터 상당한 영향을 받았다. 소피아가 고등비평에 노출된 것은 대부분 시동생 헨리 셰어먼(Henry Burton Sharmon) 때문이었는데, 시카고대학에서 성서신학으로 박사학위 과정에 있었다. 그녀 역시 그 대학의 총장을 지내면서 고등비평의 대표적 옹호자였던 윌리엄 하퍼(William Rainey Harper)의 구약성서 강의를 수강했다. 이 경험 덕분에 "장로교를 믿는 부모에게 무비판적으로 수용한 사상들을 재고하게" 되었고,[3] 신앙을 재구성하기 시작했다.

하비와 소피아는 1902년에 결혼했다. 인격적인 애정과 전문적 영감이 결합된 결혼이었다. 하비가 감리교에서 매달 발행하는 잡지인 『세계 선교』(World Wide Mission)의 편집자겸 감리교 선교문헌의 편집장으로 임명을 받자 둘은 뉴욕으로 이사했다. 뉴욕에서 하비는 YMCA의 학생사역 총무였던 존 모트(John R. Mott)의 특별 보좌관 역할까지 했다. 모트의 보좌관이었던 하비는 선교사역을 강화하기 위해서 전 세계를 여행했다.

1910년 소피아와 하비 모두 역사적인 에든버러 세계선교대회에 참석했는데, 그곳에는 다양한 교파들의 선교위원회가 함께 참여해서 선교연구 도서관을 창립했다. 하비는 도서관 관장과 큐레이터가 되었고 7만권 이상의 도서와 소책자를 수집했다. 1929년 도서관이 뉴욕시의 독립건물에서 갓 건축된 유니언신학대학원의 브라운타워로 옮겨갔고, 하비는 신학대학원 교수가 되었다.[4] 그는 1948년 76세를 일기로 세상을 떠날 때까지 도서관장을 지냈다.

뉴욕으로 이사한 뒤 소피아는 컬럼비아대학사범대학원에서 석사학위 과정을 시작했다. 교육심리학 교수 에드워드 손다이크(Edward L. Thorndike)의 지도를 받았다. 손다이크는 개별적 학습을 연구하는데 양적조사 방법을 개척했고 그런 심리자료가 수업에 얼마나 영향을 미쳤는지 광범위하게 저술했다. 그의 작업은 학습자의 관심, 주의, 추론, 감정, 그리고 도덕훈련 같은 주제에 집중했다.[5] 아울러서 소피아는 컬럼비아대학의 철학, 윤리, 심리학과 학과장 니컬러스 버틀러(Nicholas Murray Butler)에게서 교육철학을 배웠다. 버틀러는 종교교육협회(REA)의 창립멤버(1903년)였고 부회장을 지냈다. 그리고 나중에는 컬럼비아대학의 총장을 역임했다.[6]

그렇지만 소피아에게 누구보다 의미 있던 교수는 사범대학원의 초등교육학과 학과장을 지낸 프랭크 맥머리(Frank McMurry)였다. 그는 기능 심리학에 기초해서 커리큘럼 연구를 개척하고 있었다.[7] 버틀러와 함께 종교교육협회의 창립자였던 맥머리는 1903년 사범대학원이 실험교회학교를 설립하도록 도움을 주었다. 소피아는 맥머리의 지도로 주일학교 4, 5학년을 가르쳤다. 학생들에게 성서에 대한 관심을 불러일으키려고 대부분의 주일학교들과는 달리 성서만 가르치지 않고 선교사 전기를 활용했다. 새롭고 흥미로운 교육방법을 발견했다고 해서 이때를 "혁명적 경험을 하게 된 해"로 회상했다.[8] 그녀는 석사논문의 제목을 자신의 교육경험을 바탕으로 "주일학교 커리큘럼을 위한 성서 보충자료로서의 선교사 전기"로 결정했다.

소피아는 1904년 컬럼비아대학에서 문학석사(M.A.)를 취득했다. 처음으로 출판한 두 권의 책은 선교사 전기였다. 「우간다의 백인 사역: 알렉잰더 매캐이」(Uganda's White Man of Work: A Story of Alexander M. MacKay, Interchurch Press, 1907)과 「빨강, 노랑 그리고 검정」(Red, Yellow, and Black, Methodist Book Concern, 1918).

파즈 부부는 도로시 아이린(1905년), 룻 미리엄(1907), 찰스 버튼(1908), 거트룻 헬렌(1913), 그리고 로이스 소피아(1914)를 자녀로 두었다. 이 시기에 소피아는 시간과 에너지의 대부분을 자녀 양육에 쏟으면서도 자녀들의 타고난 호기심, 질문과 성장과정을 관찰하면서 종교교육을 보다 깊게 생각했다. 자녀들과의 대화를 상당 부분 기록했고, 나중에 저술과정에서 교육적 통찰과 교훈을 소개하는데 이때의 경험을 활용했다. 룻이 7세였을 때 질문한 게 가끔씩 거론되기도 한다. "엄마, 내가 어디에 있나요? 내가 어디에 있나요? 내 손, 내 발, 그리고 내 머리나 몸이 늘 이렇게 있지만, 나는 어디에 있나요?"[9]

파즈 부부는 두 딸을 일찍 잃었다. 거트룻 헬렌은 1913년 생후 5개월 만에 폐렴으로 숨졌고, 룻은 소아마비를 앓다가 1920년에 13세에 세상을 떠났다. 아이들을 잃고 예민해진 소피아는 대부분의 어린이들은 5세까지 가족이나 친척 가운데 누군가의 죽음을 경험한다는 것을 깨달았다. 따라서 어린이들에게는 진지하면서도 자세하게 죽음에 관해서 질문할 수 있는 능력이 있었다. 그녀는 이렇게 피력했다. "우리 대부분은 자녀들이 죽음에 관해서 어떤 종류의 사고를 하도록 관심을 가져야 할까? 동정하는 분위기를 조성하고 … 그리고 자녀들이 질문하도록 격려해야 할까, 아니면 가능한 한 그 주제를 피해야 하는 것일까?"[10] 소피아는 부모들이 전자의 접근을 선택하기를 기대했고, 이 과정을 지원하는 자료를 마련하는 일을 도왔다. 이 주제를 다룬 대표적인 저서는 1938년 출판한 어린이 책 「생명의 시작과 죽음」(Beginning of Life and Death)인데, 사람들이 어째서 죽고 또 죽음의 순간에 일어나는 일을 다룬 이야기 모음집이었다.

도로시와 버튼, 로이스를 안전하게 키운 소피아는 1923년 뉴욕의 유니언신학대학원에서 신학석사과정을 시작했다. 47세였던 그녀는 어머니에게 계획을 알렸다.

> 이것의 목적은 종교교육의 사역을 위해서 철저한 훈련을 받는 것입니다. 제가 교회교육지도자로 활동하려면 교회를 담당하는 목회자와 수준이 동일하다는 이점을 갖추고 있어야 합니다. 언젠가 직접 작은 지역교회를 맡게 된다면, 민주적인 토대 위에서 교회를 조직하고 함께 완전히 새로운 교회활동 프로그램을 실시할 수 있어야 합니다. 설교는 그 프로그램의 가변적인 요소일 뿐입니다. 어쨌든지 47세라는 나이에 모험을 시작하고 있습니다.[11]

이로써 소피아의 인생에 또 다른 무대가 펼쳐졌고, 아주 생산적이면서 영향력 있는 전문가의 경력이 시작되었다.

1923년의 유니언신학대학원은 종교교육학이라는 새로운 분야에 적합한 환경이 되어주었다. 조지 코우(George Albert Coe)의 교육철학이 종교교육학과를 지배했다. 코우는 1909년에 뉴욕으로 옮겨왔는데, 유니언신학대학원이 미국 내 신학대학원 가운데 최초로 종교교육 전임교수직을 마련한 해였다.[12] 1910년에는 소피아가 가르쳤던 컬럼비아사범대학원의 주일학교를 따라서 유니언종교학교가 설립되었다. 유니언학교와의 관계는 파즈가 종교교육을 이해하는데 상당한 영향을 미쳤다.

소피아 파즈는 유니언신학대학원 2년차에 유니언종교학교 직원으로 실습을 시작했다. 유니언종교학교는 "종교교육을 위한 실험센터, 즉 최고 수준의 주일학교 예배와 교육이 유지되던 곳"이었다.[13] 유니언의 종교교육학과가 설립하고 운영하는 그 학교는 소피아와 다른 학생들이 진보적인 교육방법을 익히고 새로운 교육이론과 커리큘럼 내용을 시험하는 실험실 역할을 했다.[14] 1925년에는 유니언종교학교의 초급 관리자가 되었고 초등학교 연령집단을 위한 커리큘럼 개발을 일차적으로 담당했다. 이 작업과 관련된 논문들을 집필하기 시작해서 종교교육협회 학회지에 투고했다. 이 경험 역시 신학석사논문 "종교교육 커리큘럼의 구성과 관련된 일부 문제들"(Certain Problems Involved in Building a Curriculum in Religious Education)의 기초가 되었다.

학문과 교육

유니언신학대학원에서의 훈련, 컬럼비아대학 사범대학원의 교육, 그리고 유니언종교학교의 실습은 소피아 파즈가 나름의 신학적 관점과 교육철학 및 실제를 구축하는데 상당한 도움이 되었다.

종교적 현대주의

파즈의 작업은 20세기로 넘어가는 시기에 자유주의적인 종교계를 지배한 현대적 개념을 구체화했다. 그 신념의 내용은 이랬다. ⑴ 종교는 최선의 과학적 성과와 문화의 진화에 적응해야 한다. ⑵ 하나님은 내재적이고 인간 문화의 발전과정에서 포착될 수 있다. ⑶ 인간 사회는 "하나님나라"의 실현을 위해서 진보하고 전진한다.[15]

파즈가 과학과 진화의 중요성을 수용한 것은 「오늘의 어린이와 과거의 유산」(Today's Children and Yesterday's Heritage)이라는 저서에 드러나 있다. 그녀는 거기서 구원의 이야기라는 "오래된 우주론"을 현대적 우주론과 대조한다. 어린이에게 학습을 시작할 때부터 과학적으로 정확한 우주의 모습을 제공하도록 주장했다. 소피아가 보기에 이렇게 일찍 제공된 과학적 관점은 나중에 어린이들이 종교의 신화를 발전적으로 이해하는데 도움이 될 수 있었다.[16] 어린이들은 "오래된 구원 이야기"를 비판적으로 분석해서 "종교와 과학이 조화된 통합적이고 전인적인 사람들"로 성장할 수 있다. 과학의 최신 연구결과에 노출된 어린이가 종교의 개념과 실천을 현대 문명의 발전에 적응시킬 수 있는 능력을 갖고 성장한다는 게 그녀의 믿음이었다. 이런 능력을 결여한 어린이들이 "일종의 종교적 소아마비 때문에 장애를" 겪을까봐 걱정했다.[17]

소피아의 종교에 대한 이해는 두 번째 현대적 개념인 신적 내재와의 친밀감으로 이어진다. 서너 권의 저서 가운데 특히 「오래된 구원 이야기」(The Old Story of Salvation)와 「오늘의 어린이와 과거의 유산」에서 그녀는 자신이 기독교의 "오래된 구원 이야기"라고 부르는 것과 인간의 역사를 간섭하는 초자연적 신에 대한 요청을 용납하지 않았다. 오히려 인간의 본성에 대한 심리적 해석, 인간론, 그리고 "보편적 진리와 보편적 인간의 요구"를 파악할 수 있는 수단으로 타문화 출신 사람들의 이야기와 경험에 관심을 보였다.[18] 그녀는 1926년 이렇게 기록했다.

> 종교는 … 실제로 살아가는 법, 그리고 하나님과 삶에 대한 이해
> 를 추구하는 것을 익히는 과정이다. 우리는 모두 정의를 추구하
> 고 또 갈망한다. 미국인, 동인도인, 중국인 그리고 아프리카인이
> 모두 함께 탐구하자. 우리의 경험을 공유하자. … 어쩌면 우리 가
> 운데 어느 누군가 알고 있는 것보다 더 나은 종교를 함께 개발할
> 지 모른다.[19]

파즈는 하나님의 초월성을 가리키는 신학적 언어보다 어린이의 발달
에 대한 심리학적 이해를 근거로 어린이가 선천적인 종교적 감수성을 배
양하도록 돕는 것을 종교교육의 역할로 받아들였다. 종교교육의 역할을
"우주와의 직접적인 관계, 삶에 필요한 교훈과 형태"를 이끌어내도록 돕
는 것이라고 그녀는 생각했다.[20] 파즈는 하나님이 내재적이라면 개인의
내적 자아, 삶에 필요한 형식, 그리고 "하나님의 방식과 조화를 이루는
것에 대한 강조"를 발전시키는데 갈등이 있어서는 안 된다고 믿었다.[21]

종교적 현대주의의 세 번째 개념은 인간 사회가 하나님나라의 실현을
향해서 나가고 있다는 것이다. 소피아 파즈는 기독교 언어의 구사에서 종
교적 통찰을 표현하는 것으로 옮겨갔다. 사회가 계속해서 궁극적인 실현
으로 운동한다는 것을 수용한 그녀와 현대적 자유주의자들은 이 개념을
기독교 언어보다는 진화론적 언어로 묘사했다. 파즈는 이 특징을 아주 명
확하게 서술했다.

심리과학자들은 삶을 하나님과 사탄이 지배하는 선악 간의 지속적인 싸움이 아니라 일종의 진화적 과정으로서 윤리적, 정서적, 그리고 윤리적으로 파악한다. 삶은 성장하고, 학습하고, 경험하고 또 발견하는 것이다. 실제로 온전하고, 유용하고, 친절하고 아량이 넓은 사람이 되는 방법은 일차적으로 원리들을 순종하는 문제가 아니다. … 오히려 우리 자신의 기본적인 요구와 가장 큰 갈망, 그리고 타인의 요구와 갈망에 대한 점증하는 이해를 통해 발전하는 삶의 방식이다.[22]

소피아는 사상과 교육과 집필을 통해서 궁극적이면서 가장 깊은 삶의 측면을 지향하는 과정에 인간이 참여하고 있다는 현대적 종교 개념을 구체화했다.

진보주의 교육

종교적 현대주의에 깊이 뿌리 내린 소피아는 1800년대 후반 개인들의 삶을 개선하는 데 특히 목적을 두고서 도시 산업의 팽창과 과학 지식의 폭발적 증가에 따른 도전에 교육으로 응답하려고 개혁가들이 시도했던 진보주의 교육의 발전으로부터 역시 영향을 받았다.[23] 실험학교와 어린이 중심(child-centered) 교육이라는 진보주의 교육의 두 가지 주제는 그녀의 사상과 교육에서 손쉽게 확인할 수 있다.

실험학교

실험학교는 소피아의 교육철학과 실제에서 두드러졌다. 과학 지식은 빠른 속도로 발전하고 있어서 현대주의자인 그녀는 고유한 실험을 배제하게 되면 과학의 진보를 따라잡을 수 있는 가능성이 없다고 생각했다. 교육학자들은 새로운 방법을 시도하고, 어린이의 호기심과 질문에 관여할 수 있는 새로운 접근을 제시할 필요가 있었다. 이런 새로운 교육방법들은 평가, 재구성, 조사, 재적용, 그리고 심화 탐구가 필요했다. 그러면 종교교육은 "어린이들이 주간 동안에 과학을 익히는" 수업만큼 "숙련되고 두려움 없이" 진행될 것이다.[24]

이런 접근에 대한 모델은 이미 존재했다. 존 듀이(John Dewey)가 앨리스 듀이(Alice Chipman Dewey)와 1896년 시카고에서 실험학교를 시작했다. 존 듀이의 교육이론을 시험하고 실증적으로 투자하고 철학 및 심리학적 이해를 시도하려는 목적을 갖고 있었다. 호레이스만 여학교, 호레이스만 남학교, 그리고 링컨학교는 컬럼비아사범대학원의 실험학교들이었다.[25] 유니언종교학교는 이런 "실험" 학교를 본떴다.[26]

소피아는 1926년 유니언신학대학원을 졸업하고 유니언종교학교의 교장이 되었다. 전기 작가 에딧 헌터(Edith Hunter)가 간파했듯이 그녀는 3년간 과거 20년 이상 "머릿속에서 움직이던 상당수의 아이디어를 실천에" 옮길 수 있었다.[27] 당시의 일률적인 주일학교와는 달리 파즈가 "하나의 위대한 종교적 실험"을 어린이들에게 가르치는 것으로 표현했던 유니언종교학교는 종교경험을 "지평의 확대, 의지의 강화, 정의를 위한 모험, 이 세상을 모두가 살 수 있는 보다 더 좋은 곳으로 만들려는 열정의 심화"로 간주했다.[28] 나중에 소피아는 그런 교육과정의 목적을 깊이 생각하면서 다음처럼 글을 남겼다.

따라서 종교와 과학의 본질적인 조화는 종교와 과학이 모두 생존하는 조화로운 과정 속에서 성취되어야 마땅하다. 그런 조정은 종교 자체를 전면적으로 다시 평가한다는 뜻이다. … 신조와 도덕법이 지배하는 종교는 탐구하는 종교로 변모해야 한다. 새로운 시대의 종교의 본질은 과정 속에서 드러나는데, 그것은 삶에서 더할 수 없이 친숙하고 당황스런 문제, 즉 이 복잡한 우주에서 홀로 지내는 동시에 다양하면서 무수하게 형성되는 관계라는 문제를 탐색하는 일종의 과정이어야 한다. 그 종교는 하나님과 그것이 의미할 수 있는 모든 것에 대한 탐색으로 받아들여지게 될 것이다.[29]

이 "새로운 시대의 종교"(religion of the new day)는 이런 탐구를 지원하는 새로운 방법과 새로운 자료를 필요로 했다.

유니언종교학교에는 고정된 "학교 커리큘럼"이 존재하지 않아서 해마다 교사들과 관리자들은 새로운 이론과 새로운 주제를 실험할 수 있었다. 학급별로 스스로 주제내용을 선택하고 구성해서 한 해 동안 그 주제를 나름대로 탐구할 수 있도록 도움을 제공했다. 소피아 파즈와 랠프 브릿지먼(Ralph P. Bridgeman)은 남자 15세 학급을 이렇게 소개했다.

교사는 수업을 시작하면서 이런 말을 들었다. … "어머니 때문에 성경공부반에 오게 됐지만, 정말 관심이 없어요! 성경은 어쨌든 사실이 아니에요. 사람이 고래 뱃속에서 사흘 동안 살 수 있다고 생각하세요?" … 교사는 성경이 사실과 다르거나 터무니없는 곳을 알려달라고 도전하면서 흥분한 학생들을 상대한다. 그들에게는 요나가 가장 큰 걱정거리인 것 같다. 어색하게 … 그들은 요나서로 돌아간다. 얼마 지나지 않아서 그 책은 고상한 목적을 가진 소설이라는 것을 깨닫게 된다. 어떤 인종이 다른 인종에 비해서 실제로 우월할 수 있는지 질문하자 한 학생이 몇 차례에 걸쳐서 토론을 벌이게 되고, 마침내는 다니는 학교에서 유대인들과 흑인들을 어떻게 상대해야 할지 생각하게 된다. 그렇게 겨울 내내 하나의 주제가 다른 주제로 이어졌다. 이제 그들은 성공이라는 게 무엇이고, 그것을 어떻게 측정할 수 있는지 대화를 나눈다. 다음 주제는 친구가 사업이나 직업을 정하는데 고려해야 하는 문제들이 될 것이다. 이 후반부 토론에서는 예수님의 교훈이 자주 거론되었다.[30]

실험적 성격의 커리큘럼 목표는 교사들과 학생들에게 창의성을 불러일으키는 것이었다. 유니언종교학교의 활동 가운데 일부는 결국 실행 과정에서 종교교육에 대해 보다 더 전통적인 견해를 갖고 있는 학교 밖 사람들에게 상당한 비난을 받기도 했었다.

1928년 유니언신학대학원의 총장 헨리 커핀(Henry Sloane Coffine)은 목사로 인기가 높은 라인홀드 니버(Reinhold Niebuhr)를 응용기독교(Applied Christianity) 담당 교수로 초빙했다. 이런 움직임은 유니언신학대학원의 신학적 관점이 자유주의 신학에서 유럽의 칼 바르트(Karl Barth)와 동료들에 의해서 인기를 얻고 있는 새로운 "정통주의"(orthodoxy)로 전환했다는 것을 의미했다. 소피아는 줄곧 종교적 현대주의와 진보주의 교육의 이상을 추구했다. 브릭장로교회에 소속된 유니언신학대학원 이사 가운데 한 사람이 유니언학교의 종교 질문지를 접하고서 그 질문지가 전통적인 기독교와 성서신학을 제대로 반영하지 않았다고 판단했다. 그는 커핀 총장에게 불만을 전달했다. 그렇게 해서 유니언학교의 부활절 어린이 예배에 참석하게 된 총장은 소피아의 지도를 받는 유니언신학대학원 학생들이 예수의 부활을 인정하지 않는다는 사실을 접하고 충격을 받았다. 신학대학원의 행정과 유니언종교학교의 운영 사이에서 빚어진 갈등으로 1929년을 끝으로 유니언학교는 문을 닫지 않을 수 없었다.[31]

유니언신학대학원이 학교를 폐쇄한 공식 이유는 신학대학원의 재정적인 어려움과 1930년 리버사이드교회가 문을 여는 것이었다. 클레어몬트 거리를 마주한 신학대학원 서쪽 바로 옆 리버사이드교회가 건축되기 전까지 모닝사이드하이츠 지역에서는 자유주의 성향의 교회를 찾아볼 수 없었다. 신학대학원 직원들 대부분은 종교교육 프로그램이 예배 공동체의 일부라서 신학교육기관이 독립적으로 학교를 운영할 필요가 없다고 생각했다.[32]

소피아는 여전히 유니언신학대학원에서 가르쳤으나 실험학교에 관여하는 것은 불가능해보였다. 그런데 1933년 리버사이드교회 교육담당 목사 이바 헬스트롬(Ivar Hellstrom)이 56세의 소피아를 어린이 교회학교 담당자로 청빙했다. 그녀는 이곳에서 1942년까지 어린이들을 상대로 실험사역을 계속하다가 은퇴했다. 세월이 많이 지나서 95세가 된 소피아는 헬스트롬에게 받았던 도움을 이렇게 회상했다.

어린이 부서의 커리큘럼은 일차적으로 구약성서를 소개하는 공부였다. 나는 최초로 동굴에 거주하던 사람들의 시대로 돌아가서 서로 다른 여러 민족 사이에서 시작된 종교를 폭넓게 조망하는 기회를 달라고 부탁했다. … 아주 새롭고 시도한 적이 없는 모험을 하는 나를 신뢰하고 격려해준 사람과 작업하는 것은 드물고 선별적인 경험이었다.

나중에 특별히 유니테리언 교회를 위해서 집필한 일부 저서들은 리버사이드 교회학교에서 최초로 실험이 진행되었다. 이런 시험을 먼저 거치지 않았다면 유니테리언 교회로부터 어린이교재 편집자로 청빙을 받아서 담당했던 일을 감당하지 못했을 것이다.[33]

어린이 중심 교육

어린이 중심 교육은 소피아가 강력하게 고수했던 진보주의 교육의 두 번째 측면이다. 어린이 중심의 진보주의 교육의 관점은 1870년대 미국에서 출발한 유치원운동이 확보한 토대 위에서 구성되었다. 유치원운동은 어린이의 천부적인 내적 발달과 이 발달에 도움을 주는 놀이의 역할을 강조했다.

소피아는 어린이가 종교교육의 일차적인 주도자이면서 수용자라는 것을 평생에 걸친 사역을 통해서 강조했다. 어린이는 그 자체로 중요하고 스스로 종교적 의미와 진리를 발견할 수 있었다. 그녀는 「어린이를 위한 새로운 사역」(A New Ministry to Children)에서 이 어린이 중심 접근을 다음과 같이 소개했다.

종교는 어린이의 사고와 감정에서 진정으로 실제적인 것이 되어야 한다. … 우리는 그들에게 아기 동물과 함께 지내고, 씨앗을 심고, 그리고 직접 살아있고 성장하고 학습하는 신비를 느낄 수 있는 기회를 제공할 수 있다. 우리는 궁금해 하는 어린이들과 함께 친근해지고 공감할 수 있다. 언어로는 실제로 만족시킬 수 없는 경험에 너무 쉽게 이름을 붙이지 않도록 우리는 어린이들에게 신학적 언어로 해답을 제시하는 것을 한동안 제한할 수 있다. 우리가 어린이들의 호기심을 인내하고 두려워하지 않으면 우주 자체의 본성이 어린이들로 하여금 스스로 생각을 펼칠 수 있게 만든다고 확신한다.[34]

어린이의 타고난 성향을 간섭하려고 하지 않았던 소피아 파즈는 어린이가 타고난 재능을 펼치고 발전시키도록 용납하고 이끌어주는 종교교육의 접근을 옹호했다.

종교교육에 대한 파즈의 공헌

소피아 파즈는 두 가지 중요한 방식으로 종교교육 분야에 영향을 미쳤다. 즉, (1) 유니언신학대학원의 교수가 된 최초의 여성 가운데 한 명이었고, (2) 미국 유니테리언 협회(AUA)의 커리큘럼 편집자를 지냈다. 그녀는 1927년 유니언신학대학원의 종교교육학 강사로 임용되었다. 당시 나이는 51세였다. 소피아와 영어성서 강사였던 메리 라이먼(Mary Ely Lyman)은 같은 해에 임용되어 유니언신학대학원의 교수행렬에 참가한 최초의 여성들이 되었다. 파즈는 유니언신학대학원에서 17년간 가르치고 68세가 되던 1944년에 은퇴했다.[35]

파즈는 심리학이나 유아종교교육철학, 커리큘럼 설계, 그리고 이야기와 드라마, 또는 창작예술 과목을 수강하는 대학원 학생들이 교육에 대한 관점을 형성하는데 결정적인 역할을 했다. 강의 문헌목록에는 성교육, 종교교리와 어린이의 종교경험, 훈육과 자유, 구약성서 이야기의 활용, 그리고 유아와 사회질서 같은 주제들이 포함되었다.[36]

소피아 역시 자신의 교육적 관점을 구성하는데 신학대학원 학생들의 경험을 활용했다. 학생들에게 요구한 활동에는 어린 시절의 기억에 대한 영적 전기를 서로 기록하는 게 있었다. 학생들이 회상하도록 요구받은 내용에는 어릴 적 꾸었던 꿈들은 물론이고 어둠이나 뱀, 처벌, 죽음, 불, 또는 실패에 대한 두려움, 그리고 아기의 출생, 인간이나 동물에 대한 경험들, 성에 관한 호기심, 성서 이야기들에 대한 최초의 기억, 하나님의 이미지나 생각, 기도 그리고 삶에서 예수가 차지한 역할이 포함되었다. 계속해서 이런 어린 시절의 경험이 스스로에 대한 기대와 일반적인 인생철학에 끼친 영향에 관해서 내린 결론을 공유해야 했다.[37] 12명의 학생들이 제출한 보고서에 대해서 그녀는 이렇게 피력했다.

> 주일학교에 출석하는 기간이 일부에게는 거의 완벽한 백지상태였다. 뱃지를 받고 성서구절을 암송하고, 그리고 사람과의 행복한 접촉을 시사하는 것 같은 모호한 즐거운 감정이 전부였다. 처음으로 더듬더듬 말하던 순간부터 밤에 기도하는 것에 익숙했던 일부는 기도의 내용을 일체 기억하지 못했다. … 겨우 12명 가운데 3명이 10살 이전까지 하나님과 개인적으로 조금이라도 만족스런 경험을 했다고 보고한 반면에 10명은 하나님을 생각할 때 두려움, 갈등, 걱정, 분노, 또는 공포를 떠올리는 경험을 한 차례 이상 했다는 게 중요할지도 모른다.
>
> 불이나 바람 때문에 공포를 느꼈다. 부모들에게는 이런 두려움을

결코 털어놓지 않았다. 어둠을 무서워한 어린이는 "예수님이 오시면 어둔 곳이 사라져"라는 찬송가를 좋아했다고 말했다. 서너 명은 영원한 심판과 세상이 불로 멸망하는 것을 몹시 두려워했다. 한 명은 이런 생각에 너무 집착해서 붉은 석양을 볼 때마다 묘한 두려움을 느꼈다.[38]

12명의 학생들이 보인 반응을 중요한 과학적 연구로 간주할 수는 없지만, 소피아는 이런 회상 분위기가 충격적이었다. 활달하고, 현대적이고, 성인이 된 대학원생들이 어떻게 어린 시절의 불쾌한 경험에 대한 고통스런 기억에 여전히 영향을 받을 수 있을까?[39] 이런 연구결과 덕분에 어린이 종교교육에 대한 새로운 접근을 시도할 수 있었다.

소피아 파즈는 61세에 미국 유니테리언 협회의 어린이 교육자료 편집을 담당하면서 또 다른 차원에서 전문적 영향력을 발휘하기 시작했다. 그녀는 동료 어니스트 퀘블러(Ernest Kuebler)와 함께 유니테리언협회 소속 주일학교 학생들의 감소 추세를 전환할 수 있는 새로운 교육교재의 설계 과제를 맡았다. 소피아는 1937년부터 1945년까지 8년간 편집자로서 15권의 책과 교사용 안내서(New Beacon Series of Religious Education)를 제작했다.

다작하는 작가이면서 활발한 사상가였던 소피아는 35편의 논문을 발표했고, 청소년과 어린이를 위한 단행본 13권과 교육철학이 포함된 4권의 저서를 단독 또는 공저로 출판했다. 교사와 부모를 위한 지침서 6권을 개발하고 교육자료(New Beacon Series of Religious Education)에 포함된 수많은 작품들을 편집하고 시를 썼다. 그 시 가운데 네 편에는 곡이 붙여지기도 했다.[40]

페미니스트 종교교육에 대한 파즈의 공헌

소피아 파즈는 현대 페미니스트 운동이 1970년대를 주도하기 훨씬 전에 현역에서 은퇴했다. 게다가 어린이, 그중에서도 학령기 이전과 초등학교 연령의 어린이들에게 관심을 집중하다 보니 여성과 어린이를 소외시키는 보다 광범위한 사회적 상황은 따로 주목하지 않았다. 그럼에도 불구하고 그녀의 사상, 저술, 교육, 그리고 교재 편집은 일관되게 구성적 페미니스트 종교교육에 기여했다. 이 책의 서문에서 바바라 킬리(Barbara Keely)는 페미니스트 종교교육의 흐름에 기여한 여덟 개의 일반적인 요소들을 찾아냈다. 나는 소피아 파즈의 업적에서 가장 두드러지고, 또 현재의 상황에 적합한 그녀의 유산을 조명하는 그것들을 지적하고자 한다.

첫째, 파즈는 경험을 교육의 핵심으로 굳게 믿었다. 그녀는 주제로부터 출발하는 종교교육의 개념을 강력히 반대했다. 그것이 성서공부이든 아니면 삶에 필요한 윤리적 원리에 대한 제시이든 간에 다르지 않았다. 어떤 일상적인 사건들이 "가장 활기찬 사고와 질문〔으로의〕 특별한 경탄이나 놀람이나 도전"을 유발하는지 파악할 수 있게 스스로의 경험을 탐구하도록 학생들에게 요구하는 게 종교교육이 일차적으로 해야 할 일이라고 파즈는 믿었다.[41] 그녀는 이렇게 피력했다.

> 종교적 방법은 심오한 방법, 즉 성장하는 관점과 확장하는 관점을 갖춘 방법이다. 그것은 사물들의 핵심, 그리고 너무 자주 묻어버리고 경멸하고 오해를 남기는 개인적 감정, 갈망과 적개심을 들여다보는 방법이다. 종교적 방법은 실제 눈으로는 볼 수 없는

것, 모든 현상의 중심에 존재하는 무형의 것을 확인하는 방법이다. 종교적 방법은 보편적 관계와 접촉하는 방법이다. 그것은 높고, 넓고 깊어서 연대감을 확장시킨다. 그리고 만일 하나님이 이런 보다 광범위한 관계를 상징하거나 의미한다면, 종교적 방법은 하나님을 발견하는 것을 의미한다.[42]

둘째, 소피아 파즈는 집필하고 교육하는 과정에서 만물의 근본이 되는 특징을 강조했다. 그녀는 보편적인 본질이 인간, 동물 그리고 식물의 세계를 만물의 근원과 연결하는 것으로 믿었다. 소피아에게 있어서 종교는 글이나 전통과 무관했다.

사소한 출발에서 성장한 종교는 스스로를 일부로 간주하는 보다 더 거대한 전체의 관점에서 파악된 삶의 실제적인 철학이다. 만일 진짜라면 종교는 역동적 특징 – 어떤 함축적 의미, 어떤 기본적인 깨달음 – 을 개인적 삶에 부여한다. 종교교육 프로그램은 … 어린이들 스스로 소중한 삶을 위한 그런 개인적 토대를 구축하도록 격려하고 이끄는 조직화된 활동을 대표해야 하고, 그렇게 삶의 철학을 지지하게 되면 용기는 커지고 고상한 시도는 강화될 것이다.[43]

소피아 파즈는 개인은 선천적으로 종교적이라고 믿었다. 종교교육은 어린이를 종교적 신념으로 개종시키는 과정이 아니라고 생각했다. 어린이가 자연스럽게 발달하도록 지원하는 과정, 즉 개인이 누군가가 되어가도록 지원하는 과정이다.

셋째, 페미니스트적 종교교육은 종교적 앎을 형성하는 언어의 능력을 인정한다. 소피아 파즈는 어린이들과 활동하던 초기부터 이것을 알고 있었다. 나이가 적은 어린이들은 히브리 성서나 신약성서에 기록된 복잡한 이야기들을 파악할 수 있는 인지 능력이 부족했다. 소피아는 컬럼비아대학 사범대학원의 프랭크 맥머리(Frank McMurry)의 제안대로 어린이들이 더 깊은 종교적 진리를 파악하려고 하기 전에 선교사의 인간적 경험에 참여할 수 있는 방법으로 선교사 전기를 활용했다. 그녀는 어린이를 가르치는 이 경험 덕분에 가르치는 것에 관한 생각이 근본적으로 어떻게 바뀌었는지 자세하게 소개했다.

소피아는 가르치거나 집필할 때 거의 대부분 이야기와 문화적 신화를 활용했다. 어린이들이 자신의 작품에 접근할 수 있도록 어린이의 일상 경험과 연관된 생생한 언어나 이미지를 가지고 상당한 공을 들였다. 이야기들은 "기존의 도덕적 이상과 원리를 가르치는 게 아니라 삶의 구체적인 도덕적 문제를 생각해보도록 자극하는" 것이었다.[44] 소피아는 언어의 오용이 미칠 수 있는 해로움을 극도로 잘 알았다. 그녀가 자신에게 귀 기울이는 사람들이나 학생들 편에서 참여를 촉진하려고 노력하다보니 그들은 나름의 의미를 능동적으로 파악하고 삶의 철학으로 통합해낼 수 있었다.

페미니스트 종교교육의 네 번째 요소는 파즈가 교사와 학습자 모두 적극 참여하는 학습의 협력적 특성을 강조한 것에서 드러난다. 소피아는 학습에서 담당하는 어린이의 역할을 크게 강조했다. 학습은 "어린이들이 생활하는 곳에서, 어린이들이 스스로 목격하고 알게 된 공통적인 주제나 사건에서 시작"된다.[45] 따라서 그녀는 자신의 여러 작품에서 그런 학습과정이 발달에 맞추어 어린이에게 부과한 게 무엇인지 서술했다. 그녀는 교사들이 이 과정에 어떻게 참여해야 하는지 구체적으로 조언하지 않았다.

하지만 몇 가지 단서는 남겨두었다. 소피아와 엘리자벳 맨웰(Elizabeth M. Manwell)은 이렇게 기록했다.

> 교사의 관점에서 볼 때 타인의 감정에 대한 감수성을 일깨우는 공감적 인상을 자극하는 모든 것, 세계에 대한 이해를 강화하고 확대하는 모든 것, 삶에 대한 사랑을 추가하는 용기를 북돋는 모든 것, 그리고 민주적인 사회 참여에 필요한 기술의 계발을 유도하는 모든 것을 서로 모두 결합한 게 이런 어린이들이 학습하는 커리큘럼이다. 그와 같은 학습은 간단하게 관찰되거나 측정될 수 없다. 그럼에도 불구하고 그것들은 어느 정도는 계획이 가능하고, 덕분에 어린이들 스스로 학습할 내용을 상당 부분 결정할 수 있다.[46]

교사는 어린이에게 답변을 제시하거나 인지적 지식을 전달하는 사람보다는 감탄, 경외, 그리고 상상력을 경험하도록 이끄는 사람이어야 했다. 교사는 "스스로 무엇인가 발견하는 직접적 경험을 하게 하는" 길을 찾도록 어린이들을 지원하는 사람이어야 했다.[47] 소피아는 교육철학을 계발하면서 어린이의 중개자를 크게 강조했다. 그녀가 저서에서 교사의 역할을 부각시킨 것은 부분적으로는 전통적인 종교교육이 내용과 수업을 강조하면서 학습자의 욕구에 부응하지 못한 것에 대한 반동이었다.

파즈의 저서는 이론과 실천을 꾸준히 통합했다. 이것이 바로 페미니스트의 업적을 구성하는 다섯 번째 요소이다. 소피아는 이론의 형식을 유니언종교학교나 리버사이드교회에서 시도한 실험에서 얻은 구체적 사례를 가지고 뒷받침했다. 그녀는 새로운 관점과 실천을 가르치고 계발하는데 결정적 요소가 되는 실험과 직접적 경험에 대한 자신의 견해를 학문으로 구체화했다. 그녀는 95세에 이렇게 회상했다.

> 내가 처음으로 어린이들, 그중에서도 종교발달에 관심을 갖게 된 것은 사범대학원의 후원으로 [프랭크] 맥머리 박사가 주도하던 미국 최초의 실험 주일학교에서 가르칠 기회를 갖게 되었다는 게 일차적인 이유였다. 존 듀이 철학의 기본적 개념들이 활용되는 것을 목격하고 그것들을 실행하는 데 전념한 게 그 당시였다. 내가 주부와 어머니로서의 역할을 뛰어넘어서 삶속에서 무엇보다 하고 싶어 하는 일을 발견하고, 또 그것이 바로 인류의 성장하는 지식에 비추어서 어린이 종교교육의 과정과 내용을 재구성하는 일이라는 사실을 깨달은 것도 그 당시였다.[48]

여섯째, 페미니스트적 종교교육학자들은 교육이 해방으로 이어진다고 믿는다. 하지만 상당수의 현대 종교교육학자들의 경우에 이런 해방은 여성이나 어린이들의 평등과 전인적 삶을 가로막는 문화적, 사회적, 경제적, 또는 제도적 구조의 변혁과 관계가 깊다. 그에 비해서 소피아 파즈는 자연인의 정서적 및 심리적 발달을 통한 해방으로 간주했다. 때문에 그녀는 대부분의 업적에서 개인으로서의 학습자를 강조했다. 어린이 하나하나에 관한 종교교육의 목표는 "어린이의 종교적 또는 영적 건강과 성장(만일 이것이 나머지 생애와 어떻게든 분리될 수 있다면)"의 촉진이어야 했다.[49] 그래서 소피아의 경우에 해방은 전인의 계발을 가리키는 것일 수 있다. 풍성한 삶과 자연을 경험하기 때문이다.

소피아 파즈의 업적에 추가할 수 있는 마지막 요소는 권력의 문제와 성직자 및 평신도의 협력관계와 관계가 있다. 파즈는 학문적인 저술에서 권력의 역학을 제대로 언급하지 않음에도 불구하고 종교교육의 현장과 특히 자신의 사역에 대한 영향을 인식하고 있었다. 소피아는 1923년 유니언 신학대학원의 신학석사 과정에 입학할 때 장차 사역하게 될 교회에서 안수 받은 목회자와 동등한 수준의 전문가가 되기 위해서 철저하게 근거를 갖춘 신학교육을 받고 싶어 했다. 만일 회중을 혼자서 담당하는 목회자가 되어야 한다면 "어쩌다가 설교가 드물게 강조되는 … 민주적 바탕에 근거한 교회를 조직하는 게" 가능한 목회교육을 희망했다.[50]

소피아의 업적에서 확인할 수 없는 페미니스트적 종교교육의 요소는 종교교육이 발생하는 공동체를 간과한 것이다. 파즈는 개별적 학습자인 어린이에게 주로 초점을 맞추면서 어린이의 종교교육에 보다 광범위한 공동체가 미치는 영향에는 거의 관심을 갖지 않았다.

소피아 파즈의 유산

1959년 2월 8일, 소피아 파즈는 82세라는 나이에 몽고메리 카운티의 유니테리언교회(현재 메릴랜드주 베세즈다의 시더레인 유니테리언교회)의 청빙으로 안수를 받았다. 안수를 받는 자리에서 했던 설교에는 특유의 리더십이 거침없이 드러나 있다.

여러분이 흔히 "목회"를 하도록 나를 안수한 것은 넓은 의미에서

목회자들은 모두 교육자이고, 그리고 종교교육자들은 모두 설교
자이면서 성직자라는 것을 교회인 여러분이 깨달았기 때문입니
다. 여러분은 이 의식을 통해서 내가 그들 모두와 완벽한 교제를
나눌 수 있도록 초대하고 있습니다. 이것은 진정으로 소중한 영
예입니다.[51]

그 안수는 소피아 파즈를 다른 모든 목회자들과 구별하게 만드는 순간
이었지만, 아울러서 어린이들에 대한 사역을 진지하게 계속 하도록 교회
전체에 도전하기로 선택했던 순간이었다. 소피아는 1959년 미국 유니테
리언협회에서 활동하는 539명의 목회자 가운데 "여성은 6명에 불과하지
만," 안수를 받은 이 여성 가운데 5명이 은퇴했다는 사실을 거론했다. 그
녀는 이렇게 기록했다. "여성이 강단을 책임지고, 교회의 머리가 되는 것
에 대한 반감은 여전히 강하다." 하지만 유니테리언 협회 목회자들 모두
가 어린이들과 관계를 형성하고 돌보는 것을 신학교육의 일부로 적절하
게 훈련받을 때까지는 어린이들을 책임진다는 말은 수사에 지나지 않고
실천될 수 없다.[52]

종교적 현대주의자이면서 진보주의 교육학자였던 소피아 파즈는 20
세기의 종교교육 리더십에 중대한 영향을 미쳤다. 소피아는 교회의 제도
적 삶에 속한 분야, 즉 실험 교회학교와 신학교육에 종사하든지 아니면
어린이와 청소년을 위한 책을 출판하든지 스스로의 노력에 따른 열매를
누리는 것에 만족하지 않고 102년 동안 어린이들의 종교와 영적 발달이
가능하도록 돕는 일에 온갖 노력을 다했다. 그렇게 해서 그녀는 보편적
교회에 확실하게 흔적을 남겼다.

2장 주(註)

1. Edith Hunter가 집필한 전기인 *Sophia Lyon Fahs* (Boston: Beacon Press, 1966)를 파즈의 가정, 교육, 그리고 사역의 역사를 위한 일차 자료로 활용했다.

2. Sydney E. *Alstrom, A Religious History of the American People 2* (Garden City, Ny.: Image Books, 1972), 344-46. 학부생들 중심의 학생자원자운동은 한 대학(Mount Hermon School in Northfield, Massachusetts)에서 개최된 성서연구모임에서 출발했다. 세기의 전환기에 그 운동은 절정의 영향력을 발휘했고 선교사역을 위해 수많은 학생들을 자원봉사자로 확보했다.

3. Hunter, *Sophia Lyon Fahs*, 48.

4. Robert T. Handy, *A History of Union Theological Seminary in New York* (New York: Columbia Univrity Press, 1987), 171.

5. Lawrence A. Cermin, *The Transformation of the School: Progressivism in American Education*, 1876-1957(New York: Vintage Books, 1961), 110-15

6. 종교교육협회 설립의 의의에 대해서는 Stephen A. Schmidt, *A History of the Religious Education Association* (Birminghum, Ala.: Religious Education Press, 1983) 볼 것.

7. Cremin, *Transformation of the School*, 173.

8. Hunter, *Sophia Lyon Fahs*, 61에서 인용.

9. Ruth Miriam Fahs, Sophia Lyon Fahs, "Our Children's Thoughts of Death." The *Mother's Magazine* (May 1916): n.p. 에서 인용.

10. Fahs, "Our Children's Thoughts of Death" n.p.

11. Hunter, *Sophia Lyon Fahs*, 130에서 인용.

12. Handy, *History of Union Theological Seminary*, 125.

13. Harris H. Parker, "The Union School of Religion, 1910-1929: Embers from th Fires of Progressivism." *Religious Education* 86, 4(Fall 1991): 597.

14. Ibid. 600.

15. William R. Hutchison, *The Modernist Impulse in American Protestantism* (Durham, N.C: Duke University Press, 1992), 2.

16. Sophia Lyon Fahs, *Today's Children and Yesterday's Heritage: A Philosophy of Creative Religious Development* (Boston: Beacon Press, 1952), 105-7.

17. Ibid. 122-23.

18. Ibid. 8.

19. Sophia Lyon Fahs, "Has Missionary Education Promoted World-Mindedness at Home?" *Religious Education* 21, 2 (April 1926): 176.

20. Sophia Lyon Fahs, "Growth Both Wide and Deep," 1959,

Unpublished typed manuscript signed, Meadville/Lombard Theological Seminary Library, Chicago.

21. Fahs, *Today's Children*, 144.

22. Ibid., 135.

23. Cremin, *Transformation of the school*, vill–ix

24. Hunter, *Sophia Lyon Fahs*, 60.

25. Lawrence A. Cremin, *American Education: The Metropolitan Experience, 1876–1980* (New York: Harper & Row, 1988), 168–70, 501–2.

26. Jack L. Seymour, *From Sunday School to Church School: Continuities in Protestant Church Education in the United States, 1860–1929* (Lanham, Md: University Press of America, 1982), 79.

27. Hunter, *Sophia Lyon Fahs*, 151–52.

28. Ralph P. Bridgeman and Sophia L. Fahs, "The Religious Experience of Pupils in the Experimental School of Religion," *Religious Education* 20, 2 (April 1925) 106.

29. Sophia Lyon Fahs, "Necessary Changes in Religious Education: Changes Necessary in Elementary Religious Education due to Conflicts between Science and Religion," *Religious Education* 23, 4 (April 1928), 332.

30. Bridgeman and Fahs, "Religious Experience," 101–2.

31. Hunter, *Sophia Lyon Fahs*, 158–61; Handy, *History of Union Theological Seminary*, 172; Parker, "Union School of

Religion: Ember," 604-7.

32. Handy, *History of Union Theological Seminary*, 171-72,
    Harris H. Parker, "The Union School of Religion, 1910-1929:
    A Laboratory in Religious Education," *Search: Columbia
    (S.C.) College Bulletin* 17, 3 (July 1968): 33.

33. Sophia Lyon Fahs, "The Future and Religious Education"
    Religious Education 66, 6 (November-December 1971): 457.

34. Sophia Lyon Fahs, *A New Ministry to Children* (Boston:
    Council of Libral Churches, Division of Education, 1945), 7.

35. Handy, *History of Union Theological Seminary*, 166, 204.

36. Sophia Lyon Fahs, course bibliographies, 1931-1936,
    Unpublished typed manuscript signed, Andover-Harvard
    Library Archives, Cambridge, Massachusetts.

37. Sophia Lyon Fahs, class exercise, n.d., TMsS, Andover-
    Harvard Library Archives, Cambridge Massachusetts.

38. Sophia Lyon Fahs, "The Beginnings of Religion in Baby
    Behavior," *Religious Education 25*, 10 (December 1930): 896.

39. Ibid. 897.

40. Hunter's, *Sophia Lyon Fahs*, 266-70에 포함된 파즈의 출판된
    참고문헌 볼 것.

41. Fahs, Today's Children. 179.

42. Ibid. 179-80

43. Sophia Lyon Fahs, "Religion in the Public School … Values at
    Stake," *Childhood Education* 18, 6 (February 1942): 245-46.

44. Sophia Lyon Fahs. "Some of the Unsolved Problems Inherent in Children's Worship Service" *Religious Education* 20, 5(October 1925): 383.

45. Fahs, *New Ministry to Children*, 6.

46. Elizabeth M. Manwell and Sophia Lyon Fahs, *Consider the Children, How They Grow* (Boston: Beacon Press, 1940), 182.

47. Sophia Lyon Fahs, *Beginnings of Life and Death. A Guide for Teachers and Parents* (Boston: Beacon Press, 1939), 9-10.

48. Fahs, "The Future and Religious Education," 457-58.

49. Fahs, "Growth Both Wide and Deep," 6.

50. Hunter, *Sophia Lyon Fahs*, 130에서 인용.

51. Ibid., 2-3.

3장

훌다 니버 :

예술가로서의 교사

엘리자벳 콜드웰(Elizabeth Francis Caldwell)

어쩌면 믿는 사람으로서의 교사는 어떤 교육이 진행되고 있는지
의식하지 못한 채 하나님의 은총을 가르치면서 그것을 요구하시
는 하나님에게 응답하는 삶을 사는 공동체의 일원이다.[1]

가르치는 법을 익힐 수 있다는 것은 분명한 사실이다. 그런데 일부 사
람들은 천부적으로 교육에 대한 재능을 갖고 태어나서 학습자들이 이론
과 실천을 연계해서 상상력을 자극하고 억측에 도전하도록 만들 수 있다.
클라라 어거스타 훌다 니버(Clara Augusta Hulda Niebuhr)가 바로 그
런 교사였다.

그녀는 신학적으로 유서 깊은 가정 출신이다. 어머니 리디아 니버
(Lydia Hosto Niebuhr)는 독일 복음주의 교회 목사의 딸이었다. 리디아
는 아버지와 함께 샌프란시스코에서 사역을 하다가 거스탑 니버(Gustav
Niebuhr)를 만나서 결혼했다. 1880년대 캘리포니아를 찾아오는 다수의
독일 이민자들의 사역을 돕도록 파견된 젊은 목회자였다. 그들이 생활하
고 봉사하고, 신앙을 형성한 독일 복음주의 교회의 환경은 모든 세대를
위한 종교교육과 교회일치 정신, 질병이나 장애를 가진 사람들에 대한 관
심과 사역, 그리고 열성적인 경건생활에 크게 집중했다.[2]

훌다는 1889년 네 자녀 가운데 맏이로 태어났다. 아버지의 명시적인

교육과 어머니가 가정에서 제공한 보다 더 암묵적인 배움의 기회가 어린 시절의 기독교 양육에 분명하게 반영되었다. 교회와 세계와 가정에서의 성실하고 실천적인 경건생활은 홀다와 두 명의 남동생, 리처드 니버와 라인홀드 니버가 직업을 찾아가는 과정에서 확실하게 드러난다.

홀다는 1906년 일리노이주 링컨의 링컨고등학교를 우등으로 마친 출중한 학생이었다. 아버지는 학업을 계속하는 것을 허락하지 않았다. 대학의 학위는 해방을 갈망하는 여성을 상징한다고 생각한 그는 이렇게 말했다. "해방된 여성의 진짜 소원은 학문적이거나 영적인 발전이 아니라 향락, 관심, 자유 그리고 해방과 더불어서 부담스런 모든 의무와 책임으로부터의 자유이다. 모든 해방의 근본은 이기주의이다."[3] 뛰어난 어린 딸이 대학에서 접할 수 있다고 거스탑이 예상한 해방은 따라서 "교양 있는 젊은이와의 훌륭한 결혼"에 방해가 될 수 있었다.[4] 아들들에게는 해방이 문제되지 않았다. 고등학교를 졸업하자 곧장 대학에 입학시켰다.

홀다는 아버지가 자신의 교육에 끼친 영향에 대한 동생 라인홀드의 해석을 평가해달라는 요청에 직접 응답했는데, 내용은 빙햄(June Bingham)이 집필한 전기 「변화할 수 있는 용기: 라인홀드 니버의 생애와 사상 입문」(Courage to Change: An Introduction to the Life and Thought of Reinhold Niebuhr)에 수록되었다. 전기의 초고를 읽고서 빙햄에게 보낸 편지에서 홀다는 자신이 계속 교육을 받으려면 아버지가 세상을 뜰 때까지 기다릴 수밖에 없었다는 라인홀드의 진술에 이의를 제기했다.

나는 그분[거스탑]의 생전에 링컨대학을 다녔다. 내가 "늘 기대했다"고 말한 전문적인 경력이 서서히 모습을 갖추어가는 중이었다. 만일 지금 그런 목표를 세웠더라면 보다 일찍 도달했을 것이다. 당시 대학은 몇 십 년 뒤처럼 소년과 소녀를 똑같이 간주하지 않았다.[5]

빙햄이 "니버 목사에게는 자신이 소년들을 위해서 계획을 세워둔 전문적인 교육에 외동딸이었던 소녀가 관심을 갖는다는 것은 전혀 불가능했다"고 평가한 것은 정확했다.[6]

거스탑 니버가 보기에 교회는 딸이 받아들일 수 있는 직업의 분야를 용납하지 않았다. 훌다는 초등학교 수준의 교구학교에서 가르치기 시작했다가 나중에는 신문사에 들어가서 학비를 모았다. 1912년에 링컨대학에 입학했지만 1913년 아버지의 죽음으로 학업을 중단했다. 당시에 그녀와 어머니는 재정적인 도움을 전혀 받지 못했다.

어머니와 함께 디트로이트로 이사한 훌다는 라인홀드가 목사로 있는 베델복음주의교회에서 종교교육을 담당했고, 거기서 대학교육을 끝마치기로 결심했다. 그녀는 1918년 보스턴대학 종교교육 및 사회복지대학원에서 학사와 석사학위를 취득했다. 훌다는 그 대학에서 초등교육학부 강사로 지내면서 교수방법, 어린이 발달, 학교행정, 그리고 교사관리 분야에 초점을 맞춘 석사학위과정에 들어갔다. 1927년 그녀는 여성 교수 3명 가운데 포함되었다. 훌다는 종교교육학자라는 직업에서 스스로의 정체성과 권위를 분명하게 주장하고 제시할 수 있었다.

종교교육학자로서의 실질적인 경험이 본격적으로 형성된 시기는 뉴욕에서 거주하던 1928년부터 1945년까지였다. 그녀는 컬럼비아대학 사범대학원과 유니언신학대학원의 박사학위 협동과정에 입학했으나 끝마치지는 못했다. 1945년 시카고의 매코믹신학대학원 총장에게 학위를 마치지 못한 이유를 이렇게 설명했다. "논문을 제외하고는 Ph.D.에 필요한 대부분의 과정을 끝마쳤으나 사범대학원이 모든 것을 질문지를 가지고서 증명하던 시기여서 인생의 소중한 시기를 한계가 있는 일을 처리하느라 허비하는 것에 관심을 갖지 않았습니다."[7]

홀다가 집중했던 직업은 그녀의 발언처럼 "교회 안에서의 실제적인 활동"이었다. 1930년부터 1945년까지 매디슨에비뉴장로교회에서 종교교육을 담당했다. 도시에 위치한 대형 교회였다. "그녀는 예술을 통해 종교에 접근하는 것을 각별히 강조하는 비상근직으로 업무를 시작했지만, 1941년 무렵에는 4명의 종교교육 담당자를 부분적으로 지도하는 일과 함께 종교교육 부책임자로 올라갔다."[8]

이 시기에 홀다는 교회학교 커리큘럼을 집필하거나 일리노이주 링컨에 있는 고향 교회와 라인홀드가 목회한 디트로이트의 베델복음주의교회, 그리고 보스턴에서 가르치면서 겪었던 실제적인 경험을 근거로 자료를 출판했다. 그녀는 책 두 권(Greatness Passing By: Stories to Tell Boys and Girls, 1931과 놀이를 엮은 Ventures in Dramatics: With Boys and Girls of the Church School, 1935)을 출판했고 학술지 (International Journal of Religious Education)에 네 편의 논문을 기고했다. 1938년부터 1946년까지 뉴욕대학에서 겸임교수를 지내면서 커리큘럼 과목과 어린이 성경공부와 교회학교 예배, 그리고 교회학교의 교육관리를 가르쳤다.

1945년 매코믹신학대학원과 관련된 장로교기독교교육대학원으로부터 어린이 사역 담당 강사직을 제안 받았을 때 홀다 니버는 교육과 경험 모두 아주 탁월한 수준이었다. 그녀는 56세에 종교교육학 조교수로 임용되었고 1949년 그 대학원이 신학대학원에 합병되자 기독교교육 및 사회복지학부 소속 교수가 되었다.

훌다 니버는 1953년 여성으로서는 최초로 정교수가 되었다. 그녀는 교수임용 연설에서 당시 기독교교육에 가장 큰 도전을 했다고 자평한 질문을 제기했다. "기독교교육의 외형적 딜레마: 종교를 담당한 기독교 교사는 주입하지 않으면서도 단순히 말하는 것 그 이상을 가르칠 수 있을까?"[9]

훌다는 자신의 삶을 모범으로 제시했다. 종교교육, 예배, 봉사, 그리고 선교를 통해 어린이와 청소년의 신앙성숙을 양육하는 데 바친 열정과 헌신이 그 질문에 대한 가장 분명한 대답이 된다. 1959년 세상을 떠난 뒤에 매코믹신학대학원 교내 교회에서 진행된 추도예배에서 훌다는 이렇게 추모되었다. "그녀는 교회 생활과 제자들의 성장에 대한 지적이면서도 유용한 기독교적 관심을 교육 전반에 걸쳐서 보여주었다. … 니버 교수는 교사라는 직업을 기품 있고 특별한 것으로 만들었다."[10]

학문과 교육

이 책에 등장하는 다른 여성들처럼 가르치는 일에 대한 훌다 니버의 여정은 종교교육의 실천에 바탕을 두었다. 그녀는 매코믹신학대학원 총장 해리 코튼(Harry Cotton)에게 보낸 서신에서 이렇게 말했다.

이 글을 쓰고 있는 나는 종교교육철학을 검증받았고, 여기[매디슨애비뉴장로교회]에서는 직접 커리큘럼을 개발했고, 그리고 뉴욕대학에서 늦게 시작된 가르치는 일을 철저하게 즐겨왔는데, 이는 기록을 가지고 말하는 게 아니라 여러 사람들과의 오랜 경험 끝에 나에게 적합한 위치에 도달했다고 생각하기 때문입니다.[11]

훌다는 교회 세 곳에서 담당한 종교교육, 신학대학원 두 곳에서 가르친 경험, 박사과정, 그리고 집필 작업(논문, 저서, 그리고 커리큘럼)을 통해 교수가 되는 여정의 마지막 단계에서 필수적으로 요구되는 아주 다양한 경험을 했다. 다른 여성 종교교육학자들처럼 이 천직에 도달하게 된 경로는 박사과정을 마치고 교수직으로 직진한 게 아니라 도중에 멈추기도 하면서 더 많이 돌아가는 노정이었다.

학계의 기준과는 확실히 다르지만 훌다의 여정은 교육과 학문이 종교교육의 이론과 실천에 대한 경험과 성찰에서 비롯되었다는 것을 보증했다. 종교교육학계에 대한 공헌은 그녀가 남긴 다양한 글보다는 가르쳤던 학생들에게서 보다 더 분명하게 드러난다. 부모가 기독교 신앙의 지식과 실천으로 양육했듯이 그녀는 가르치고 이끌어갈 준비를 하는 학생들이 "영적 모범자"(spiritual progenitors) 역할을 감당하도록 노력했다.

훌다의 부모가 양육에 사용한 독일복음주의 전통의 기본 신앙교리는 그녀의 종교교육 이론에 필요한 기초가 되었다. 여기에는 다음 같은 믿음이 포함되었다. 즉, (1) 성서는 하나님의 말씀이다. 어린이와 청년, 그리고 성인이 적절한 교수법으로 교육을 받으면 이해될 수 있다. (2) 신앙은 개인이 어떻게 생활하고 타인과 관계를 맺는가와 관계가 있다. (3) 신앙은 교회와 가정 모두의 관심사이고 이런 파트너십을 결여하면 양육이나 성장이 불가능해서 수업이나 경험은 주일만큼 주중에도 당연하다.[12]

훌다 니버의 학문과 교육은 대화, 경험의 성찰, 그리고 성찰에 대한 응답으로서의 행위라는 요즘의 프락시스 교육모형과 동일시 할 수 있을 만큼 탁월한 모범이 된다. 훌다 니버는 "강의안으로 말하는 것"을 상상하지 못했을 것이다. 그녀가 교육자이면서 학자로서 갖는 중요성은 교육과 학생에게 헌신하기로 결정한 것에 근거한다. 훌다의 경험에 대한 성찰과 저술은 중요하지만 종교교육에 대한 대표적인 공헌은 아니었다. 이 분야에 남긴 흔적은 "하나님나라에 대한 비전을 가지고 교회와 세계를 섬기는 교육적 능력을 소유한 여성과 남성을 교육하는 일"에 투신한 것에 분명히 드러나 있다.[13]

훌다가 종교교육의 실행과 철학에서 가장 중요하게 생각한 개념은 세 가지이다. 즉, (1) 의도적인 종교적 양육, (2) 연령에 적합한 교수 및 학습방법, (3) 예술가로서의 교사의 역할.

의도적인 종교적 양육

1953년 리디아 니버가 미주리주 세인트찰스의 린든우드대학에서 명예학위를 받을 때 훌다 니버는 개교기념일 연설에서 "영적 모범자"(Spititual Progenitors)를 주제로 강연했다. 우리가 어떻게 다른 사람과 신앙을 공유할 것인지 논의하다가 훌다는 이렇게 질문을 던졌다. "우리는 타인의 신앙에 불을 붙인 영적 모범자, 조상, 선구자로 간주될 만큼 영향력 있는 부모, 목회자, 교사, 이웃, 시민의 계보를 잇고 있을까?" 훌다는 영적 모범자의 역할에는 나이가 문제되지 않는다고 생각했다. 그녀는 이 용어를 명목상의 그리스도인들, 즉 기독교가 존재를 규정하지만 실천이 없는 이들과 대조했다. 훌다 니버는 세상에 순응적인 명목상의 그리스도인들은 바른 형식은 소유하면서도 신앙의 정신은 결여했다고 간주했다.[14]

우리가 특히 인습적으로 존경받는 삶을 살도록 조장하는 시대에 살고 있다고 말하는 것은 실제로 우리가 순응적인 시대를 살고 있다는 말이다. 대부분의 사회에서는 그에 따른 보상이 만연한 풍조를 거스르지 않는 교사, 목회자, 정치인, 유권자, 평론가, 극작가에게 돌아가는 것 같다.[15]

훌다 니버는 이런 생각을 말로 끝내지 않았다. 10년 이상 사역한 매디슨 장로교회는 인종관계의 태도 변화를 시도하는데 적극적으로 참여했다. 사람들을 위한 노동, 평화, 그리고 정의를 주제로 한 사회운동에 앞장섰다. 이 교회는 "교회가 적당히 거리를 두는 그리스도인이 되면 안 된다"는 신념을 가졌는데, 그것이 종교교육 부책임자였던 훌다 니버의 일차 교육방향으로 확대되었다.

훌다와 어머니 리디아의 가정은 교인 자녀들은 물론 이웃의 자녀들까지 모두 초대하고 환영했다. 훌다는 가정에서의 환대를 이런 식으로 소개했다.

대개 동쪽의 과밀한 가정 출신 어린이들이 우리 아파트를 종종 찾아와서 과정이 다른 집단이 책임을 맡아서 서로 주일 점심을 챙기거나, 아니면 밤샘파티를 가졌던 것 같다. 내가 도시 밖으로 여행을 가게 되면 밤샘파티를 기대하는 신호였고, 그래서 아파트에는 더 많은 소녀들을 위한 방이 따로 있었다.[16]

개인적 신앙과 공적 신앙의 연계는 "하나님이 바라는 순종은 타인과의 관계와 무관할 때가 거의 없다"는 훌다의 신앙에 필수적이었다.[17] 교회,

그리고 교회의 예배, 교육, 선교, 그리고 봉사라는 커리큘럼은 살아서 증언하는 신앙공동체의 배경이다. 훌다는 그것을 통해서 교회가 단지 명목상이 아니라 살아있는 형태를 유지할 수 있다고 믿었다.

훌다 니버는 기독교 신앙의 양육을 교회와 가정 간의 협력이라고 생각했다. 그녀는 종교교육에서 부모의 역할 문제를 거론하면서 교회학교 부모들의 세 가지 유형을 제시했다. 첫째 집단은 너무 분주해서 자녀의 종교교육을 교회에 맡긴 채 교육과정에서 자신들의 몫을 고려하지 않는 이들로 구성된다. "그들은 볼 수 있는 눈을 가지고 있지만 자녀들의 삶에서 진행되는 일을 못 보거나 아니면 볼 수는 있어도 그것에 관해서 할 수 있는 게 있다는 것을 알아차리지 못한다. … 누구도 모험과 그런 경험에 따른 혜택을 깨우치도록 돕지 않는다."[18]

둘째 집단은 자녀를 먹이고, 입히고, 재우는데 필요한 것에 모든 소유를 바쳐야 하는 이들로 구성된다. "그들은 좋은 부모가 되려는 가장 선한 의도를 가지고 있지만 지혜로운 교육자가 되기 위해서 배울 수 있는 시간이나 에너지가 없고, 또 자신들이 이해할 수 있는 것을 제대로 활용하려고 자녀와 함께 지낼 수 있는 기회가 없다."[19] 훌다에 따르면, 이런 부모들과 관계가 있는 교회의 부름은 교육적이라기보다는 사회적이다. "교회는 혜택이 골고루 돌아가지 않는 사회질서의 변화를 직접 거론해야 한다."[20]

세 번째 부모 집단은 "교육자로서의 역할을 진지하게 받아들이면서도 동시에 즐거워하고 모험정신으로 임하는" 이들로 구성된다.[21] 그녀의 기록에 따르면, 이런 부모들은 회중의 삶과 사역에 다양한 방식으로 참여한다.

훌다 니버는 1929년 "부모 교육과 교회"라는 논문에서 이런 집단들을 서술했다. 영적 형성에 전념하는 부모 모형에 대한 권위 있는 분석은 오늘날에도 여전히 명확하다. "쳇바퀴 같은 존재로 살아야 하는 지친 부모들"에 대한 묘사는 불행히도 이 문화의 계층 전반에 적용된다.

우리는 교회학교 사역자들이 어린이의 종교교육에서 가정과 창조적인 협력을 희망한다고 말한다. 우리는 그런 협력 없이는 계획한 목표에 도달할 수 없다는 것, 학생의 가정생활과 밀접하게 접촉하지 않으면 우리의 교육이 매일의 삶에 뿌리내릴 수 없다는 것을 알고 있다. 우리는 그릇된 가정교육의 효과를 무력화할 수 있는 마법을 학교가 확보하지 못했고, 기껏해야 가정을 도울 수 있을 뿐이라는 것을 인정한다. 마치 가정이 존재하지 않는 것처럼 대하는 게 낭비라는 것을 우리는 이론적으로는 아주 잘 안다. 실제적으로는 그것을 무시하기 쉽다.[22]

홀다 니버의 경우에 기독교의 신앙 형식과 정신의 통일을 가져오는 것은 기독교적 형성을 위한 가정과 교회의 협력이고, 그 덕분에 세상에서는 성실한 그리스도인의 존재와 리더십이 가능해진다.

연령에 적합한 교수

홀다 니버는 학습자 연령에 적합한 교수 및 학습방법을 고려한 개척자 가운데 한 명이었다. 그녀는 회중이 "지지하는 사람들 모두를 돌보는" 게 무엇보다 중요하다고 생각했다.[23] 종교교육을 실천하고 가르치면서 그녀는 어린이들에게 아주 적합한 두 개의 특별한 교수와 학습방법, 즉 드라마와 이야기를 활용하는 법을 찾아냈다. 드라마와 이야기는 "상상력을 포착하고, 성서본문을 해석하고, 어린이들에게 신앙의 문을 개방한다."[24]

홀다에 따르면, 기독교교육의 과제는 "동쪽에서부터 서쪽에 이르기까지 어리거나 나이를 먹었거나, 부유하거나 가난하거나 구원의 이야기로 상상력을 제공해서 그것이 저마다 개별적인 역사 가운데 일부가 되고, 개인 고유의 삶의 맥락에 흡수될 수 있게 하는 것이다."[25]

홀다는 기독교교육의 경우에 교사가 성서의 이야기를 전달하는데 사용하는 방법이 가장 중요하고, 예전의 설계는 회중이 "전체 구성원과 연관된 교회가 되기를" 바라는지의 여부를 확실하게 보여준다고 믿었다.[26] 유비적인 어린이 설교가 "어린이를 이해시키지 못하는 그릇된 시도"라는 확고한 신념으로 후자의 관점을 가장 확실하게 보여주었다.[27] 그녀는 이것을 훌륭한 이야기를 그저 들려주기만 하는 "어린이 설교"와 대조했다. "소년들과 소녀들은 이야기를 통해서 나름대로 명료하게 하고, 강화하고, 또 해석하는 경험을 소유한 사람들과 동일시한다. 게다가 그들은 나름대로 적용을 하는데, 이는 훈계에 골몰하는 설교에서 배제된 기회이다."[28] "교회의 구성원들이 성서를 알지 못하면서도 그것을 가능하게 만들 수 있는 기회를 놓치고 있다는 게 안타깝다"는 그녀의 지적은 불행하게도 여전히 유효하다.[29]

예술가로서의 교사

이 장은 천부적인 교육적 재능과 학습될 수 있는 것을 따로 구별하면서 출발했다. 일부 교사들은 시연하는 능력, 즉 정보를 전달하는 방식으로 우리를 움직인다. 홀다 니버는 학습과정에서 교사는 예술가의 역할을 한다는 확신을 구체화해서 강의실을 설계했다. 제자들은 그녀의 모습을 분명하게 기억한다. 리처드 와일리(Richard Wylie) 목사는 이렇게 말했다. "당시에 나는 그분이 강의실에서의 참여, 그리고 상호관계의 개척자라는 것을 알고 있었다. 참여와 무관한 과제는 주어지지 않았다. 학생들은 서로 상호작용했을 뿐 아니라 자신과도 그랬다. 공유된 바탕에서 모든 게 이루어졌다."[30] 홀다의 또 다른 제자 웨인 벤슨(A. Wayne Benson)은 강의실에서 받아 적는 게 드물어서 낙심했던 것을 떠올린다. 그는 공부할 게 없을 것이라고 확신했다. 관찰해보니 홀다의 방법은 "나름대로 조사하고 공부하게 만드는 것이었지, 수저로 떠먹여주는 게 아니었다."[31]

예술가로서의 교사를 강조한 홀다 니버는 학생들에게 어떤 화제를 말로 끝내지 않고 "그 주제를 경험하게 하는 것으로 활기를" 불어넣어서 참여하게 했다.[32] 학생들에게 "알고 있는 것"을 규정하고, 알고 있는 것을 경험에 비추어 성찰하도록 요구했던 프락시스 교육모형은 당시 대다수 학생들의 규범적인 경험과는 성격이 달랐다. 홀다 니버에게 배운 메리 더컷(Mary Duckert)은 이렇게 회상한다. "그분은 우리가 책임적 자유라는 무대를 벗어나지 않도록 계속 주장해서 대부분에게 실망을 안겨주었다. 단계별로 처방된 과제를 수행하는데 길들여진 학생들을 성가시게 만든 것은 책임이 아니라 자유였다."[33]

홀다의 교수에 관한 발언과 가르친 방식 간의 연관성을 검토하면 일관성이 드러난다. 교사가 "학생으로 하여금 복음을 직접 경험하고, 그 역사적 상황의 영향을 받을 수 있게 도와주면 학생은 그 상황에서 살아갈 수 있고, 상상력을 동원해서 직접 그 의미를 파악할 수 있게 된다."[34]

홀다는 학생들이 교회에 봉사하는 종교교육에 재능을 활용하도록 격려했다. 그녀의 지도와 영감 덕분에 장로교회에는 교육자, 목회자, 커리큘럼 편집자, 사법계 지도자, 그리고 신학대학원 교수로 활동한 성실한 지도자 세대가 등장했다. 로버트 월리(Robert Worley)는 매코믹신학대학원에서 훌다에게 배우고는 종교교육으로 돌아섰다. 그는 교육자로서 훌다가 남긴 유산을 돌아보며 이렇게 말했다. "그분은 교육이 마땅히 어떠해야 하는지에 대한 시각을 제공했다. 예술가로서의 교사는 자연, 예술, 드라마, 이야기, 음악 같은 모든 게 학습에 필요한 잠재력을 지니고 있다고 보았다. 교사의 역할은 현실을 하나로 엮어서 학생들로 하여금 그것을 발견하고 자신의 몫으로 삼게 만드는 것이다."[35]

모성적 사상가로서의 교사

이 책의 주요 목적은 12명 여성들의 삶과 교육, 작품을 검토해서 종교교육에 대한 페미니스트적 접근의 본질과 실제를 확인하는 것이다. 그들 가운데 훌다 니버를 비롯한 일부 여성들은 종교교육에 대한 철학 및 방법론적 접근을 서술하는데 페니미스트라는 용어를 형용사로 사용하고 싶지 않았을 것이다. 그들에 관해서 집필할 경우에는 이 책에서 페미니스트적 요소로 간주한 특징들에 비추어서 종교교육의 교수법에 대한 그들의 접근을 따로 구분하고, 그리고 교사와 학습자에게 있어서 일차적으로 고려해야 할 것들을 해석하는 게 중요하다.

교사와 학습자의 파트너십

홀다 니버의 교육방식을 회상하도록 요청받은 제자들은 "남달랐다"고 소개한다. 그녀가 재직하는 동안(1938-1959) 신학대학원에서 주로 활용된 교수방식은 강의였다. 학생들은 제시되는 정보를 앉아서 듣고 배우도록 훈련받았다. 반면에 홀다 니버는 경험과 경험의 성찰을 기초로 정보에 근거하고 준비된 토론을 신학교육의 교수 및 학습과정에 적합한 방법으로 간주했다. 한 제자는 이렇게 기억했다. "많은 강의들이 떠오르지 않는다. 그분이 폭넓게 경험과 과제, 그리고 자료들을 제공해서 우리가 시도하고 공유했던 게 기억난다. 그분의 권위와 전문지식은 의문의 여지가 없지만, 동료 학습자 역할을 하는 것처럼 보였다."[36]

"모성적 사상가"(maternal thinker)는 세 가지 관심에 집중하는 사람으로 정의할 수 있다. 즉, "학습자의 보호, 성장의 촉진, 그리고 학습자를 세계로 나가게 하는 양육"이 그것들이다.[37] 홀다 니버는 모성적 사상가의 살아있는 사례이다. 강의실을 소통의 공간으로 만들었다. 학습자들은 서로, 또 교사와 함께 의도적인 파트너로 활동하면서 학습과정에 전체적으로 몰입해야 했다. 그녀는 자신이 담당한 학습자 개인의 성실함과 잠재력을 신뢰했다. 어느 제자는 이렇게 회상했다.

> 강의실의 분위기는 교육은 성장이고 경험(실행)과 관련되지 않으면 안 될 정도였다. 학생들은 일일이 존중되었고, 우리의 프로젝트는 동료 학생들의 평가를 받고는 했다. 강의실에서는 누구도 창피를 당하는 일이 없었다. 게다가 우리가 강의실에서 집어넣은 것에서 벗어나도록 격려를 받았고, 그냥 있다가는 무엇 하나 얻는 게 없었다. 결국, 우리 모두는 읽는 것과는 무관하게, 프로젝

트를 실행하는 과정에서 상대로부터 배웠다. 창의력이 격려되고, 상상력이 자극을 받았다.[38]

홀다 니버가 발휘한 교사로서의 권위는 전통적 방식, 즉 교사 자신의 지식이나 강의내용을 전달하는 개인의 능력을 강조하는 것과 무관했다. 오히려, 그것은 성인 학습자들이 학습하는 공동체의 책임 있는 일원이 되어야 한다는 그녀의 기대 속에 구체적으로 드러나 있었다. 홀다는 교회의 교사들이나 강의에 참여한 제자들에게 "담당한 학생들을 알아야" 한다고 조언했다. 그녀는 강의실에서의 토론, 과제, 소논문, 상담, 그리고 가정에서의 비공식적 대화를 통해 학생들을 파악했다.

모성적 사상가는 학습자들이 스스로의 권위와 능력을 주장하고 세상으로 들어가도록 돕는 일에도 관심을 갖는다. 홀다가 학습자와의 파트너십을 활용해서 이 분야에서 성취해낸 것은 그녀가 사고와 발전을 격려하던 방식을 생생하게 기억하는 교회교육자, 평신도 지도자, 신학대학원 교수, 사법계 지도자, 목회자, 그리고 커리큘럼 편집자로부터 확인할 수 있다.[39]

생활 경험과 수업 경험의 통합

교회에서 종교교육자로 활동한 경험 덕분에 홀다 니버는 현장에 적합한 종교교육의 이론들을 익히려면 강의실을 넘어서는 게 필수라는 것을 알고 있었다. 종교교육을 교육하는 경험적 모형은 그녀의 철학 중심에 확실하게 자리 잡고 있었다. 가령, 청소년을 주제로 한 강의에서는 무엇보다 소년법원을 관찰하면서 변호사, 법관, 그리고 사회사업가를 상대로 젊은이들의 욕구에 관한 시각을 놓고 대화하도록 요구하곤 했다.[40] 어느 학생이 성탄절 연극대본을 쓰는 과제를 해야 할 경우에는 교회에서 상연되는 연극을 먼저 관찰해야 했다. 홀다는 교회의 현장실습에 참여하는 학생들을 관찰하고 즉시 비판적인 의견을 냈다. 그녀의 종교교육철학에서는 이론과 실천이 밀접하게 결합되었다.

마국 연합장로교회의 '기독교 신앙과 삶' 커리큘럼으로 중학생 대상 커리큘럼('The One Thing')을 출판하고 나서 홀다는 장차 교회에 필요한 저자를 발굴하려고 한 무리의 학생을 선별해서 커리큘럼 집필을 강의했다. 강의가 끝날 무렵에 학생들은 교회의 커리큘럼 편집자들과 접촉했고, 그렇게 해서 몇 명은 커리큘럼 집필자의 길을 갔다.[41]

홀다 니버는 시카고의 매코믹신학대학원으로 옮겨가는 것을 고려하다가 "장로교 젊은이라는 동질집단"을 교육하는 일을 떠올렸다.[42] 그녀는 뉴욕대학에서 가르친 커리큘럼 과목을 수강한 다양한 성인들을 다음처럼 계속해서 거론했다.

> 라트비아 선교사, 인도차이나 선교사. 형제교회 홍보간사, 11개 주의 종교교육을 담당하는 구세군 간부, 그리고 뉴욕시의 구세군 교육업무 책임자 … 루터교와 감리교 여성 성직자, 감리교 평신도 설교자라고 소개한 오레곤의 세일럼 출신 주말 종교교육 책임자 … 40세 정도의 경찰관 … 어린이부를 담당하고 있는 나이 지긋한 기업가 과부, 전쟁 동안 전시정보국(OWI)에서 노르웨이로 종교 메시지를 방송한 젊은 노르웨이 청년, 선교사연맹훈련학교의 교사.[43]

매코믹신학대학원에서 가르치는 동안 그녀는 뉴욕의 학생들 사이에서 접했던 다양한 삶의 상황처럼 학교 밖의 경험이 강의실에서의 교육을 풍성하게 만들곤 했다는 것을 입증하려고 노력했다.

벽을 넘어선 배움

홀다 니버는 학습으로의 초대가 강의실 벽에 국한되지 않는다는 것을 본능적으로 알고 있었다. 학습에 적합한 공간은 다양한 상황은 물론 교사들에게 개방된 듣고, 침묵하고, 그리고 발언할 수 있는 공간이라면 어디에서든지 출현한다.

바바라 킬리(Barbara Anne Keely)는 이 책 서론에서 페미니스트적으로 학문에 접근하게 만든 여성들의 공헌 가운데 하나는 교수와 학습과 삶을 통합한 것, 즉 학습 상황이 형식적인 교실의 상황 그 이상이라고 주장한다. 우리가 여성이라는 것과 우리의 종교교육 이론과 실제 사이에는 결정적인 연계성이 존재한다. 나는 맏딸이면서 여성이다. 그리고 교사이자 교육자, 목회자이다. 그리고 어울리는 표현을 추가하면 자매, 배우자, 어머니, 친구, 조카딸이다.

홀다 니버와 어머니는 뉴욕과 시카고의 매코믹신학대학원의 캠퍼스에서 함께 살았다. 비공식적 모임으로 학생들을 집에 초대하는 것은 시카고로 이사한 뒤에도 계속되었다. 신학대학원 공동체나 이웃의 자녀들은 리디아 니버가 인도하는 미술 프로그램에 종종 초대를 받아 참여했다.

홀다가 담당한 학생들의 현장실습을 지도한 조지 매디슨(Geroge Frame Madison)은 시카고의 정치와 엘리너 루즈벨트(Eleanor Roosevelt)에 대한 홀다의 뜨거운 지지 그리고 유엔인권위원회(united nations committee on human rights)의 등장을 놓고 나눈 대화를 떠올린다. 또한 그녀는 "우리는 강의실 너머 매코믹/차머스 플레이스, 그중에서도 특히 교수진 자녀들과 그들의 행동에 관해서 들었던" 사연을 기억해냈다. "니버 모녀는 둘 다 어린이들에게 큰 사랑을 받았다. 문 앞에는 늘 몇 명이 앉아 있었다."[44]

훌다는 라인홀드와 H. 리처드 니버가 방문할 경우에 학생들을 종종 다과에 초대했다. 이런 비공식적 모임에서 아주 유명한 동생들 역시 대화를 나누는 시공간에 함께 참여했다. 그녀는 예술과 정치에 대한 관심을 학생들과 공유했고 지역사회에서 가장 나이 어린 주민들에 대한 깊은 관심을 증명했다. 그녀는 신학교육이라는 담 안에서, 또 담 너머에서 배움에 관한 자신의 믿음을 좇는 삶을 살았다.

페미니스트 유산

훌다 니버는 남성 중심의 신학교육이라는 세계 안에서 생활하고 가르쳤다. 그녀는 남달랐다. 이것은 그녀가 다양한 방법을 활용해서 가르친 것은 물론 1950년대에 매코믹신학대학원의 여성 교수 가운데 유일하게 정년보장을 받았기 때문이다.

종교교육에 대한 페미니스트적 접근은 권위 있고 강력한 음성을 전제한다. 개인적이거나, 여성적이거나, 또는 보다 더 부드럽거나 조용히 말할 때도 그렇다. 역사적으로 이 문화는 여성들에게 자격과 권리, 그리고 권위를 용납하지 않았다. 훌다 니버는 직업적이거나 개인적이거나 스스로의 몫을 요구하는데 자신의 음성을 사용하지 않을 수 없었다.

1946년까지 훌다는 15년 이상 교회에서 종교교육을 전문적으로 담당했다. 그녀는 보스턴대학 교수와 뉴욕대학 강사로 지낸 기간과 동일한 세월을 보냈다. 56세라는 원숙한 시기에 시카고에서 제안을 받았던 업무는 어린이 사역담당 강사였다. 그것에 대한 훌다의 응답은 솔직했다. 그녀는 "'어린이 사역'에 국한해서 거론하는 것"에 흥미를 보이면서도 "나는 보다 넓은 연령대를 좋아해서 청년과 청소년에게 상당한 시간을 할애한 탓에 한계가 있는" 것으로 생각한다고 대답했다.[45] 이런 협의를 거쳐서 봉급과 주택, 연금, 그리고 이사비용이 제공되는 조교수로 임용되었다.

훌다가 분명하게 목소리를 내야 했던 개인적인 문제는 주택을 제공받는 것과 관련이 있었다. 시카고 북쪽에 위치한 신학대학원 캠퍼스를 교수와 직원을 위한 4층짜리 연립주택이 둘러싸고 있었다. 장로교기독교육대학원 원장은 주택의 여유가 없을 뿐더러 훌다가 혼자 지내다보니 여학생들과 기숙사에서 지낼 수 있을 것이라고 생각했다.

훌다는 해리 코튼(Harry Cotton) 총장과 연락을 주고받기 시작하면서 동생들과 가족의 방문이 예상되는 탓에 "우리는 실제로 둘이 전부가" 아니라는 것과 자신이 기숙사에서 생활했으면 하는 신학대학원의 기대를 수용할 수 없다는 사실을 분명히 밝혔다.[46] 시카고로 옮겨온 지 한 해가 지나지 않아서 훌다와 리디아 니버는 교수용 주택을 사용하게 되었는데, 그 가정이 베풀었던 따뜻한 환대는 신학대학원 사회에 속한 이들의 관계를 영원히 바꾸어놓았다.

훌다 니버는 은퇴를 한 달 앞둔 1959년 4월 17일, 70세를 일기로 세상을 떠났다. 훌다의 은퇴를 위해서 글을 준비한 매코믹신학대학원의 차기 총장 아서 매캐이(Arthur McKay)는 훌륭한 교육자의 특징들을 거론하면서 그녀를 소개했다. "그분은 독창적이고 상상력이 풍부한 학자의 빛

나는 모범이었다. 홀다 니버는 친절함과 너그러운 자기희생으로 제자들의 삶을 만져주었다."[47] 전통적으로 여성에게 해당하는 것으로 간주된 직업에 종사한 여성이 뒤를 따르는 모두에게 유산이 될 정도의 독창성과 상상력을 소유한 학자로 인정받은 것은 의미가 크다.

3장 주(註)

1. Hulda Niebuhr, "Is Christian Education True to its Reformation Heritage?" *McCormick Speaking* 10, 8 (1957): 10.

2. Elizabeth F. Caldwell, *A Mysterious Mantle: The Biography of Hulda Niebuhr* (New York: United Church Press, 1994), 9.

3. William Chrystal, *A Father's Mantle: The Legacy of Gustav Niebuhr* (New York: Pilgrim Press, 1982), 39.

4. Ibid.

5. 훌다가 빙햄(June Bingham)에게 1959년 4월 5일에 보낸 편지, in Archiver, McCormick Theological Seminary.

6. June Bingham, *Courage to Change: An Introduction to the Life and Thought of Reinhold Niebuhr* (New York: Charles Scribner's Sons, 1961), 57.

7. 훌다가 매코믹신학대학원 총장 코튼(Harry Cotton)에게 1945년 3월 2일에 보낸 편지, in Archives, Jesuit-Krauss-McCormick Library, McCormick Theological Seminary, Chicago.

8. Caldwell, *A Mysterious Mantle*, 59.

9. Hulda Niebuhr, "A Seeming Dilemma in Christian

Education," *McCormick Speaking* 7, 1 (1953): 6.

10. "Professor Hulda Niebuhr: In Appreciation," memorial service, April 20, 1959, in Archives, Jesuit-Krauss-McCormick Library, McCormick Theological Seminary, Chicago.

11. 훌다가 매코믹신학대학원 총장 코튼(Harry Cotton)에게 1945년 3월 2일에 보낸 편지, 80, 81.

12. Caldwell, *a Mysterious Mantle*, 116

13. Ibid.

14. Ibid, 91.

15. Hulda Niebuhr, "Spiritual Progenitors," *The Pulpit*, no 266 (June 1955): 3.

16. 훌다가 테드 브라운(Ted Braun)에게 1959년 2월 3일에 보낸 편지, in Archives, Jesuit-Krauss-McCormick Library, McCormick Theological Seminary, Chicago.

17. Niebuhr, "Spiritual Progenitors," 4.

18. Hulda Niebuhr, "Parental Education in the Church," *International Journal of Religious Education* 6, 1 (October 1929): 13.

19. Ibid.

20. Ibid.

21. Ibid.

22. Ibid.

23. Hulda Niebuhr, "Know Children as Persons." *Christian Century* (3 April 1947): 423.

24. Ibid,

25. Hulda Niebuhr, "Communicating the Gospel through Christian Education," *McCornick Speaking* 11, 6, (1958): 15.

26. Ibid.

27. Hulda Niebuhr, "Red Roses and Sin," *The Pulpit,* (June 1958): 13.

28. Hulda Niebuhr, "Junior Sermon," in *Twentieth Century Encyclopedia of Religious Knowledge* (Grand Rapids: Braker Book House, 1955), 620.

29. Niebuhr "Red Roses and Sin," 13.

30. 와일리(Richard Wylie)가 저자에게 1988년 1월 6일에 보낸 편지.

31. 벤슨(A. Wayne Benson)저자에게 1988년 2월 20일에 보낸 편지.

32. Niebuhr, "Is Christian Education True to Its Reformation Heritage?" 15.

33. Mary Duckert, "Interpreters of Our Faith: Hulda Niebuhr," *A.D.* (Sptember 1976): 36.

34. Neibuhr, "Is Christian Education True to Its Reformation Heritage?," 15.

35. 월리(Robert Worley)와 저자의 인터뷰(Chicago, Illinois, 29 April 1987).

36. 샘슨(W. Douglas Sampson)이 저자에게 1987년 3월 21일에 보낸 편지.

37. 러딕(Sara Ruddick)은 이런 특징을 그녀의 논문 "Maternal Thinking" *Feminist Studies* 6, 2(1980): 342-67에서 확인한다.

38. 네틀톤(Norman D. Nettleton)이 저자에게 1987년 12월 28일에 보낸 편지.

39. 1989년 댈러스의 법원 행사에서 워크숍을 진행하는데, 한 남자가 와서 "나는 노먼 네틀톤(Norman Nettleton)"이라고 소개했다. 노먼은 선생님이었던 훌다 니버 (Hulda Niebuhr)에 대한 기억이 30년이 지났어도 여전히 마음속에서 새롭다고 했다. 그는 손녀가 십대의 나이에 교회에서 장로로 선출되었다고 말했다. 훌다 니버가 자랑스러워할 것이라고 생각했다.

40. 샘슨(Sampson)의 편지.

41. 이 일화는 크레빌(Paul Krebill)이 1988년 4월 13일 저자에게 보낸 편지에 소개되어있다.

42. 훌다가 매코믹신학대학원 총장 코튼에게 1945년 12월 11일에 보낸 편지, in Archives, Jesuit-Krauss-McCormick Library, McCormick Theological Seminary, Chicago.

43. Ibid.

44. 매디슨(Georgie Frame Madison)이 1988년 3월 4일에 저자에게 보낸 편지.

45. 니버가 코튼에게 1945년 3월 2일에 보낸 편지.

46. 훌다가 1946년 1월 29일 매코믹신학대학원 총장 코튼에게 보낸 편지, in Archives, Jesuit-Krauss-McCormick Library, McCormick Theological Seminary, Chicago.

47. Arthur R. Mckay, "Hulda Niebuhr as Teacher," *McCormick Speaking* 12, 4 (1959): 20

4장

닐 머튼 :

급진적 여정

엘리자벳 콜드웰(Elizabeth Francis Caldwell)

어쩌면 "여정"은 앞으로의 여정이나 공간으로의 여정이 아니라, 존재로의 여정일지 모른다. 지상에서 가장 먼 곳은 당신과 가장 가까운 사람이라는 존재로의 여정이다.[1]

테네시주 동쪽 언덕 지역, 매디슨의 학문적 환경, 그리고 닐 머튼이라는 여성이 은퇴하고 지냈던 캘리포니아주의 클레어몬트는 그녀가 가정이라고 부른 여정의 전체 풍경이었다.[2] 평생 사람들과 맺은 관계, 교육기관, 그리고 권력과 무기력함이라는 쟁점들은 "여정"(journey)의 새로운 이미지를 분명하게 발언해야 한다는 확신을 갖도록 만들었다. 여정을 목적지나 목표를 향하는 운동으로 간주하지 않은 닐은 그 과정을 뒤집는 게 중요해서 "길을 닦는 것은 여정 그 자체와 분리될 수 없게 된다"고 생각했다.[3] 닐에게 가정은 감정적으로 특정 장소의 근원으로 돌아가는 게 아니라 "사람들이 '소유하려고' 시도하고, 그래서 더욱 더 세계를 책임지는 운동, 관계의 질, 상태"였다.[4]

닐 머튼은 1905년 1월 7일 테네시주 설리번카운티의 산악지대에서 출생해서 테네시주 킹스포트에서 성장했다. 부모와 두 명의 자매와 함께 거주한 집을 1940년대 후반 성인이 되어 찾아갔는데, 그곳은 외가 땅에 건축 된 지 2백 년을 훨씬 넘기고 있었다.

1925년 노스캐롤라이나주 레드스프링스의 플로라맥도널드칼리지를 졸업한 닐은 킹스포트 지역 공립학교에서 미술을 가르쳤다. 1929년부터 1931년 사이에 뉴욕의 비블리컬신학대학원에 등록해서 종교교육학석사를 취득했다. 1931년부터 1937년까지 뉴욕과 버지니아의 교회에서 종교교육자로 사역했고 버지니아주 리치먼드로부터 청빙을 받아서 7년간 (1937-1944) 미국 장로교회기독교교육위원회의 청소년사역 부책임자를 지냈다. 이런 중요한 경험 덕분에 종교교육의 뿌리는 확고해졌다.

남부에서 닐이 인종과 관련된 사역을 하게 된 것은 1945년부터 1949년까지 남부교인협회(Fellowship of Southern Churchmen)의 사무총장을 맡으면서부터였다. 협회는 1930년대 중반 남부에서 인종과 교단을 초월한 남녀들이 문화와 정치적 문제를 토론하고 기도하고 성찰하려고 모임을 갖기 시작했던 조직이었다. 닐이 조직을 이끌 때까지 협회는 인종관계, 노동, 그리고 남부의 농촌재건 같은 특정 문제를 위해서 활동하는 보다 행동적인 역할을 추구했다.[5]

협회의 사역을 마무리한 닐은 가족이 있는 테네시의 농장으로 돌아왔다. 1949년부터 1956년까지 그녀는 여러 권의 책과 논문을 집필하면서 장애를 가진 어린이들을 가르치고, 테네시주 브리스톨의 중증 정신장애 어린이들을 대상으로 프로그램을 개발했다.[6] 1956년 그녀는 뉴저지의 드루신학대학원 교수진에 합류해서 1971년 은퇴할 때까지 기독교교육 분야를 가르쳤다. 그녀의 표현처럼 "여성운동"에 응답해서 신앙의 진화와 경험이 목소리를 내기 시작한 것은 드루에서의 일이었다. 전반적인 문화에서 여성이 차지하는 역할에 대한 자각과 분노 때문에 닐의 교육, 집필 그리고 발언의 초점과 방향이 바뀌었다.

「여정은 가정이다」(The Journey is Home)에서 닐은 여성, 신학 언어, 그리고 교회와 관련해서 거의 10년간 속으로 생각했던 것을 문서화했다. 로즈메리 류터(Rosemary Radford Ruether)는 이 저서를 논평하면서 "급진적이며 철저한 정신의 정수"가 담겼다고 말했다.[7] 종교교육학자에서 페미니스트 신학자로 이러지는 닐의 여정은 드루대학과 학술대회에서 만난 학생들이나 여성들과의 작업과 신학을 가르치는 여성으로서의 경험에 대한 사고와 성찰에 따른 자연스런 진화였다.

1920년 미국 의회가 여성들에게 투표권을 부여하는 법안을 제정할 때 닐은 15세였다. 고등법원이 분리교육을 불평등한 것으로 선언했던 1954년에는 49세였다. 그리고 레이철 헨더라잇(Rachel Henderlite)이 과거 미국 장로교회의 말씀과 성례전 사역으로부터 여성 최초로 안수를 받은 1965년에는 60세였다.[8] 드루대학 신학대학원에서 15년을 가르치는 동안 그녀는 유일하게 정년 보장을 받은 여성 교수였지만 정교수로는 결코 승진할 수 없었다. 그녀는 아주 오랫동안 직급이 같은 남성 동료들보다 더 낮게 임금을 받았다는 것 역시 알고 있었다. 이것은 너무 역설적이라서 말할 수 없는 분노를 느꼈다. "평생 경험한 차별이 무능함이 아니라 여성이라서 그랬다는 것을 분명히 깨닫게 되었다."[9]

닐의 예언자적 발언과 행동은 사회 변화 과정에서 교회가 그 자체 내에서 그리고 문화와의 관련에서 담당하는 역할에 대한 관심에 토대를 두고 있다. 평화운동이든 아니면 1940년대와 50년대의 어린이, 가족, 또 대학생 캠프 사역이든, 또는 정신적으로나 신체적으로 장애가 있는 어린이들의 교육에 관여한 것이든 아니면 여성의 목소리와 리더십에서의 역할을 부정하는 가부장적 이미지와 관례 때문에 교회와 맞선 것이 되었든 간에 닐의 경험은 교육이론과 신학을 형성했다. 닐이 인종 관계, 종교교육, 그리고 사역에서 여성이 담당하는 역할이라는 영역에 닿기 시작했던 길의 완성은 아직도 끝나지 않았다.

학문과 교육

이 책에서 일화를 소개하는 상당수의 신학교육자들은 닐 머튼처럼 두 가지 소명적 기초를 공유했다.10 이 소명적 기초 가운데 첫째는 지역 교회교육의 경험이다. 닐은 대학원 이전이나 이후 모두 지역 교회교육자로 활동함으로써 회중과의 실질적인 사역 경험과 기독교교육 모델을 확보하게 되었다. 이것은 1925년 테네시주 설리번카운티와 1927년 버지니아주의 농촌교회 휴가학교를 지도한 것에서 무엇보다 분명하게 드러난다. 이렇게 여름에 얻은 지식들이 뉴욕의 비블리컬신학대학원의 종교교육학석사학위 취득 논문으로 "일일휴가성경학교 프로그램 발전에 있어서의 이론과 실천의 종합"(A Synthesis of Theory and Practice in the Evolution of a Daily Vacation Bible School Program)으로 결정하도록 영향을 끼친 게 분명했다.

신학교육자들을 위한 두 번째 소명적 기초는 커리큘럼의 작성이다. 어린이와 청소년과 함께 사용할 수 있는 다양한 커리큘럼 자료를 만드는 게 1949년부터 1953년까지 닐이 담당한 주요 사역이었다. 1950년부터 1951년 사이에 그녀는 『국제종교교육저널』(International Journal of Religious Education)의 정기 칼럼에 중학교 청소년을 위한 예배자료를 기고했다(1937년부터 1944년까지 미국 장로교회 청소년사역 부책임자로서 중학교 캠핑프로그램을 개발했다). 1952년에는 출판사(The Christian Education Press)가 그녀의 커리큘럼 「그리스도인으로서 함께 생활하기: 기독교 공동체의 형성을 위한 캠프지도자 가이드」(Living Together as Christians: A Guide for Camp Leaders on Creating Christian Community)를 출판했다.

이 책에 소개된 다른 여성들처럼 닐 머튼은 신학대학원 교수진이 여성을 합류시키고 싶어 하는 유일한 분야 – 기독교교육 – 에서 활동했다.[11] 이 분야를 바꾸는 게 드루대학의 신학대학원에서 가르치기로 동의한 주목적이었다. 그녀는 전통적 기독교교육이 현대 성서학을 따라잡지 못하는 것을 우려했다. "그것은 전통의 신학적 함의를 회피했고 윤리를 놓쳤다. … 나는 성서에는 신화의 이야기와 인물, 설명할 수 없는 무엇인가를 전달하는, 성인들이 이해하지는 못해도 수많은 어린이들이 정말 사랑하는 아주 많은 이야기들이 존재한다고 굳게 믿는다." 닐은 어린이들에게 성서 이야기를 이해 가능한 언어로 소개할 필요가 있을 때 성서의 많은 부분이 "변질"될 것을 염려했다.[12]

닐이 드루에서 가르치기로 결정한 데는 두 가지 요인의 영향 때문이었다. 첫째는 기독교교육과 커리큘럼의 분야를 재고하는 것에 대한 신학대학원의 보장이었다. 또 다른 결정적 요인은 반명예훼손연맹(Anti-Defamation League)의 남부 사무실을 책임진 알렉스 밀러(Alex Miller)와의 친분이었다. 밀러와의 우정과 대화 덕분에 지역사회에서 성직자의 리더십이 사회적 변화에 핵심이라는 확신을 갖게 되었다. 닐이 종교지도자의 역할을 준비하는 신학대학원 학생들을 위한 교육과정을 설계하고 가르칠 때 종교교육에 대한 열정과 관습적 차별에 맞서 변화를 이끌어내는 교회의 역할의 중요성에 대한 확신이 교차했다.

닐은 책임을 다했다. 드루대학 교수진에 합류할 때까지 그녀는 실제 사역이나 저술 모두에서 경험이 풍부했다. 그녀가 일반적으로 교육에서, 또 좁게는 종교교육에서 완수한 기본적인 활동은 물론 미국 내 인종관계 분야의 사회적 변화에 대한 헌신적 자세는 1968년부터 세상을 떠난 1987년까지 최종적인 활동의 초점, 즉 여성 문제를 위한 중대한 배경이 되었다.

학자와 교사로서 닐의 유례없는 공헌은 세 가지 분야에서 확연히 드러난다. (1) 학습과 교수에서의 듣기의 역할, (2) 교수와 학습의 이미지와 개념, 그리고 (3) 문화의 사회적 변화를 위해서 활동해야 할 전반적으로는 교회의 책임과 특별하게는 종교교육의 책임이 그것들이다.

경청과 변화

닐의 교육철학은 경청하는 행위에 집중했다. 1960년에 출판된 다음의 논문이 파악한 특징들을 살펴보자.

그 문제에 대해서 아이에게, 또는 어떤 사람에게 귀를 기울인다는 것은 무엇을 의미할까? 우리가 경청할 때 공손하게 주의를 기울이고 수용하는 모습을 확장하게 된다. … 경청을 용납할 정도로 안전해야 한다. 어린이도 마찬가지다. 경청은 낱말들의 소리를 듣거나, 또는 스스로를 표현할 수 있는 기회를 다른 사람에게 제공하려고 조용히 하는 것 그 이상이다. 경청은 다른 사람을 인간으로 존중하고 그가 제시하는 모습이라는 선물을 신뢰하면서 받아들이는 것을 포함한다. … 경청은 참여하는 위험을 감수한다. 순수한 경청은 변화를 가져온다. 한 사람을 한 사람으로 받아들 때 그가 제기하는 의사소통을 진지하게 받아들인다는 뜻이다. 그의 제안이 받아들여지거나 거절될 수 있지만, 어떤 경우에도 만남은 이루어진 것이다.[13]

닐이 교사들과 교회학교에 자녀를 보내는 부모들을 위해서 집필한 글은 종교교육신학의 기초가 된 두 주제들을 함축한다. 첫째는 실제로 듣는 순간에 실현되는 하나님의 능력과 임재이다. 하나님의 은총은 만남의 순간에 대화상대를 변화시킨다. 둘째는 평등이다. 교회는 신앙을 가진 사람들의 공동체라는 닐의 신념에 상호성의 개념이 내재되어 있었다.

교회 자체의 공동체 성격은 말씀이 존재하도록 만들고 말씀이 언급하는 상호 간의 사역에 성인과 어린이를 모두 포함시킨다. 따라서 경청은 어린이의 경우처럼 성인의 변화에 중요해진다. 어린이에게 귀를 기울이는 것은 자기만족적이고 교만하기 쉬운 교사와 부모에게 하나님의 자비와 심판이 전달되는 수단이 될 수 있다. 고상한 자기모습에서 전해지는 것과 다른 사람의 삶에 들어가는 것에 관여할 수 있다.[14]

닐이 가장 자주 인용한 표현의 근거는 어린이들과의 사역에 기원을 두고 있는 게 분명하다. 1974년에는 신학을 실천하는 여성들의 역할을 거론하면서 이렇게 말했다. "우리는 상대의 말을 듣기 시작했다. 우리는 사람들이 새로운 창조에 대해서 하는 말을 들으면서 성령 하나님을 경험했다."[15]

이미지의 변형

1962/63년 닐은 제네바에서 안식년을 보내는 동안 스위스 발달심리학자 장 피아제(Jean Piaget)와 함께 연구했다. 이 기간에 "우리는 자신들에 대한 개념이나 생각이 아니라 이미지 때문에 생활한다"는 확신을 갖게 되었다.[16] 그녀는 제네바의 에큐메니칼연구소(Ecumenical Institute)에서 유아세례를 연구한 덕분에 "상징적 의식이 어린이들을 비롯한 전체 공동체가 참여하는 순간 활기를 띠는 방식의 핵심에 도달했다"고 진술했다.[17]

닐은 상징과 이미지의 긍정적 및 부정적 능력을 인정했다. 사람들을 교화하거나 억압하는 것은 물론 해방할 수 있는 잠재력이 있다고 믿었다. 변형과 해방을 가져오는 이미지의 능력이 성서 이야기와 관계가 있을 때, 그리고 성서를 어떻게 읽고 어린이들에게 가르쳐야 하는지에 대한 그녀의 조언을 살펴보자.

> 성서는 성서적일 수 있을까? 이야기 역할을 할 수 있을까? 성서
> 로서의 역할은 어떨까? 아니면 다른 한편으로 기계적으로 반복
> 하거나 설명으로 표현할 수 있을까? 도덕주의와 적용 때문에 갑
> 자기 팔린 것일까? 전체 이야기가 선물이 되고 말씀 자체의 전달
> 수단, 또 자체의 해석기가 될 수 있는 어린이 나름의 방식으로 역
> 할을 수행할 수 있을까?[18]

닐이 보기에 종교교육은 삶을 변형시키는 잠재력이 있었다. 교수에서 활용하는 이미지들에 각별히 관심을 갖는 게 중요하다. 정신지체아의 교수학습을 염두에 두고서 그녀는 기다려주는 교사의 역할을 거론했다.

"그들은 말하지 않고, 그들은 듣는다. … 이런 의미에서 사역으로서의 교수는 참여, 즉 이중적 과정이다. 교수라는 것은 생활하는 것, 드러내는 것, 참여하는 것, 관여하는 것이다."[19]

그녀의 철학에 내재하는 첫 번째 개념인 경청과 변화처럼 어린이 종교교육과 관련해서 이미지들을 변형시키는 넬의 작업은 페미니스트 신학의 필수적인 개념적 틀이 되었다. "신학을 실천하는 것은 이미지들과 상징들을 우리가 살고 있는 세계에서 치유하고, 구속하고, 재구성하고, 재련하는 기능을 할 수 있도록 변형시키는 일종의 과정이다. 신학을 실천하는 것은 우리가 세계와 역사의 책임을 감당하도록 현재 시간과 장소로 부름을 받았다는 확신에 따라서 행동하는 것이다."[20]

예언적 종교와 사회 변화

언젠가 닐은 신학대학원을 마친 뒤 대공황 시기에 뉴욕 브루클린의 플리머스회중교회에서 사역한 일화를 소개했다. 대규모에, 부유한 이 회중에서 교구보조로서 담당한 업무는 교회 인근으로 옮겨오는 성장하는 이민 사회를 상대하는 일이었다. 그 교회에는 헨리 비처(Henry Ward Beecher)가 사용한 설교단이 있었다. 해리엇 비처 스토우(Harriet Beecher Stowe)가 「톰 아저씨의 오두막」(Uncle Tom's Cabin)을 집필한 책상까지 포함된 교회의 풍성한 역사는 이웃에 거주하는 가난하고 억눌린 사람들에 대한 당시의 태도와 상당한 대조를 형성했다. 닐은 공동체에 유입되는 이민자들을 돌보도록 자신이 고용되어서 나머지 목회자들이 "차를 타고 출퇴근하는 부유한 사람들을 돌볼 수" 있었다고 이해했다.[21]

닐의 사역에서 중요한 부분은 브루클린주일학교연합이 후원하는 야외 캠프에 참석할 어린이들을 공동체에서 선발하는 일이었다. 그녀가 인종과 무관하게 선발한 20명의 어린이를 캠프에 데려갈 배로 인도하자 자메이카 출신 버나라는 한 어린이가 피부색이 검다는 이유로 승선이 거절되었다. 닐은 "교회 전체가 브루클린주일학교연합에 이 차별에 항의해서 기부를 철회하도록" 교회로 달려갔다. "교회는 꿈쩍하지 않았다."[22]

보조목회자와 오르간연주자는 항의하면서 사직했지만, 나중에 닐은 담임목회자가 이 차별 행위에 대해서 교회가 버나 가족을 후원하는 일에 일체 나서지 않았다고 회상했다. 그럼에도 불구하고 그는 버나를 교회에 받아들이는 게 인종적 편견과 맞서는 중대한 걸음이 될 수 있다고 주장하면서 버나의 입교 때까지 계속해서 일을 맡도록 닐을 설득했다. 남기로 결정한 것을 돌아보면서 닐은 이렇게 말했다.

어째서 그랬는지 알 수 없다. … 버나가 입교교육을 마쳤을 때 재단이사회와 교회의 장로들은 그녀를 교회에 받아들이지 않을 생각으로 같은 인종과 함께 하면 더 기쁠 것이라고 말했다. 나는 그저 목소리를 높였을 뿐이었지만 평판이 너무 좋지 않아서 즉시 해고되었는데, 그들은 내가 계속 머물면 모두를 망칠 것이라고 생각했다는 말은 할 수 있다. 나는 "그들이 같은 인종과 함께 하면 더 기쁠 것"이라는 표현을 이전에는 전혀 들어본 적이 없었다.[23]

닐의 경우에는 교회가 현관만큼이나 가까운 불의에 예언적으로 응답하는 행위가 아주 중요했다. 1930년대 초반 플리머스회중교회에서의 활동은 종교교육과 예언적 신앙에 관한 신념을 입증한다. 25년 뒤에 그녀는 이런 글을 남겼다.

하나님은 행동했다. 하나님은 … 지상의, 편견을 갖기 쉬운 조직, 즉 기독교 교회를 통해 … 계속해서 행동한다. … 믿음으로 하나님에게 응답하는 것은 언제나 행동으로 응답하는 것이다. 응답과 행위는 동시적이다. 그것은 신앙을 성취하고 난 뒤에 적용하는 문제가 아니다. … 하지만 하나님이 세계를 화해시키는 일을 하고 있다면 응답은 하나가 되고 그와 동시에 하나님의 활동에 참여하는 게 된다. 교회는 하나님의 활동에 대한 요청이 너무 급진적일 경우에 활동 중심이 된다. … 교회의 온전함은 복음이 전달되는 곳에 존재한다.[24]

역사는 지배적인 백인남성 문화가 배당한 공간에 여성과 소수민족을 묶어두려고 했던 경계와 제약들을 노출시킨다. 닐은 학문과 교수 양쪽에서 하나님의 성실한 모든 사람들에게 새로운 이미지를 제시할 신선한 아이디어의 창을 열기 위해서 일관되게 노력했다.

급진적 페미니스트 요소들

닐 머튼은 1960년대 후반 미국에 등장한 "여성 운동"의 영향을 거론하면서 "내 삶 전체가 마냥 열렸다"고 말했다.[25]

나는 이미 가르치기 시작한지 10년을 훌쩍 넘겼는데 … 여성운동이 정점에 달했고 중요한 신학적 함의들이 뚜렷해졌다. 내가 선 땅의 기초가 흔들렸다. 이어서 인생의 조각들이 들어맞기 시작해서 전보다 더욱 분명해졌다. 페미니즘은 인종 문제보다 전혀 새로운 주제가 아니었고 평화 문제는 나와 남부 젊은이들에게 해당하는 주제였다. 그것은 나를 최첨단에 배치해서 나 자신과 우주, 그리고 이 지구상의 다른 인간들을 보다 급진적인 방식으로 바라보고 이전에는 결코 꿈도 꾸지 못한 신학적 질문을 제기하게 만들었다.[26]

이 책 서론에는 종교교육에 대한 페미니스트 접근에 기여한 여덟 개의 요소들이 등장한다. 이 요소들은 종교교육이 진행되는 상황, 실천에 내재된 방법론, 그리고 학습에 대한 목표 또는 기대라는 종교교육의 실제 목적을 그려낸다. 닐 머튼은 페미니스트적인 이 여섯 가지 요소들에 색조와 결, 그리고 깊이를 부여하면서 신학교육이라는 천에 나름의 요소를 추가한다.

삶과 경험의 통합

닐 머튼에게 있어서 삶과 신앙은 불가분의 관계에 있다. 헌신적인 태도는 분명했고, 늘 그것을 근거로 실천했다. 그녀는 다른 이들에 대해서도 동일한 기대를 가졌다. 많은 사람들이 그녀의 사고와 행동을 "예언적"이라고 평가했다. 전인교육을 시도하고 주어진 성서적 요청에 응답하는 삶을 사는 이들을 예언자로 간주하는 것은 흥미롭다. 닐처럼 성서적 신앙의 급진적 성격과 우리가 믿는 바를 세계 안에서 생활하고 실천하는 것과 통합하라는 하나님의 부름을 일깨우는 예언자들이 보다 더 필요하다.

잡지 「장로교 전망」(The Presbyterian Outlook)에 포함된 "1949년의 주목할 만한 장로교인"(Notable Presbyterians)이라는 논문은 닐 머튼을 미국 장로교회가 인정한 12명에 포함시켰다. 그녀는 리더십과 남부교인협회(Fellowship of Southern Churchmen)와의 협력이 두드러져서 선발되었다. 내용은 다음과 같았다.

> 닐은 예언자들을 떠받들면서도 영구적인 기독교를 우리가 살고 있는 시대에 맞출 수 있는 그들의 용기와 능력을 잃어버린 허풍을 지루해 했다. … 그녀는 현실에 만족하면서도 받아들일만한 개인들과 논쟁을 벌였다. 하지만 닐은 기상나팔보다 소등나팔 소리를 사랑해서 잠자는 교회를 발견하자 다른 것들처럼 묻는다. 어째서? 어째서, 하나님의 이름으로 그럴까?[27]

페미니스트 종교교육과 공동체

1969년 드루대학의 신학대학원 안내책자에는 "교회와 사회의 여성들"이라는 낯선 과목이 등장했다. 역사적으로 종교교육 분야에서 제공한 것과는 사뭇 다른 과목이었다.[28] 일부는 닐이 담당한 이 과목이 신학대학원에서는 최초로 교회에서의 여성 존재와 리더십을 명확하게 인정한 것이었다고 평가했다. 첫 강의에 참석했던 어느 학생이 강의를 지도하던 닐의 노력과 용기는 물론 모두 남성으로 구성된 교수진과 교회 지도자로서의 여성 역할에 관한 전반적인 의식의 결여라는 상황에서 추구한 급진적 방향을 추억했다.

닐이 여성에 대한 차별의 근본적인 문제와 이 차별에 따라서 제기된 정의 문제를 거론하자 남학생들과 일부 여학생들이 불편함에서 분노, 적대감, 비난으로 옮겨갔다. 닐은 여전히 존중하고, 개인적인 비난에는 응대하지 않으면서 거론해야 할 근본적 문제에 줄곧 초점을 맞추었다.…운 좋게도 강의실에 있었던 우리들은 성적, 인종적, 민족적, 또는 신학적 차이점을 다루는데 적합한 방법론을 배웠는데, 이것은 강의 내용이 아니라 닐이 강의에서 차이점을 다루는 방식을 통해서였다.[29]

교사와 학습자의 파트너십

1990년에 발행된 『크리스천 센튜리』(Christian Century)는 "교사예찬"(In Praise of Teachers)을 주제로 삼았다. 닐 머튼은 여성으로는 유일하게 교사로서 능력을 인정받은 9명에 포함되었다. 드루대학의 신학전공 교수 캐서린 켈러(Catherine Keller)는 자신의 삶에 끼친 닐의 영향을 거론했다. 켈러는 자신과 닐 머튼이 참여한 캘리포니아 클레어몬트의 여성 및 종교에 관한 학술토론 모임을 회상했다. 닐의 존재를 거론하면서 그녀는 이렇게 말했다. "아마도 나는 어떤 식으로든지 간에 페미니스트 신학자가 되었을 것이다. 하지만 그녀가 없었다면 더 불안정하고, 더 피상적이었을 테고, 지적 추구 자아와 관계 때문에 영양부족에 시달렸을지 모른다."[30]

닐의 교사로서의 재능을 떠올리면서 켈러는 그녀의 "조용하고, 예리하고, 교훈적이면서도 결코 위압적이지 않던 존재"와 "그녀가 제기한 질문과 공동체에 대한 깊은 충성"을 대조했는데, 켈러는 그것을 "탐구, 자기비판 그리고 변혁의 부단한 과정과 떼어놓을 수 없는" 것으로 간주했다.[31] "타인의 발언에 대한 경청"을 강조하던 닐은 학습자가 질문들에 이름을 붙이고 답변과 씨름하도록 능력을 불어넣도록 요구했다. 그렇지만 닐이 지속적으로 성장한 게 교사로서의 역할이었다는 것 역시 중요했고, 덕분에 교육과 학문 활동은 진정으로 파트너십을 유지할 수 있었다.

언어와 종교적 앎

교회들은 성직자나 평신도 모두 여성들이 리더십 분야에서 이룩한 업적을 파악하거나 인정하는데 느릴 뿐이었다. 예전에서 구사하는 하나님에 대한 표현이나 포괄적 언어와 관련된 사고나 실천에서 일부 변화가 있었다. 하나님 – 언어(God-language)가 인간과 관계를 맺고 있는 하나님의 이름을 부르고, 인식하고, 또 이해하는 과정을 구성하는 문제에 대한 진전은 한층 더 느리게 진행되었다. 언어가 앎을 어떻게 구성하는지 모색하는 교육적 과제는 하나님에 관한 페미니스트 신학의 구성적 사고보다 훨씬 뒤처져있다.

닐은 드루대학 교수진에 합류하기로 결정했을 때 성서신학과 교회에서 실시하는 기독교교육 프로그램에서의 성서 사이의 괴리를 우려했다. 그곳에서 15년간 가르치는 동안 또 다른 괴리가 찾아왔다. 그것은 페미니스트 신학의 관점과 기독교교육 사이에 존재한다.

하나님에 대한 언어와 이미지 및 은유의 구사는 닐의 인생 마지막 10년 동안 일차적인 문제가 되었고, 「여정은 가정이다」(The Journey is Home)에 실린 글에서 거론되었다. 언어가 어떻게 종교적 앎을 형성하는지에 관한 그녀의 사고를 보여주는 가장 확실한 사례 가운데 하나가 1976년 캘리포니아 버클리의 퍼시픽종교대학원(Pacific School of Religion)의 졸업식 축사("거룩한 영, 어린이 영, 예술의 영")에 드러나 있다. 이 연설은 페미니스트 종교교육자로서의 역할을 소개하는 방식 때문에 중요하다. 그녀는 다음의 방식으로 연설을 마무리했다.

성서적 고백의 원초적 은유는 "말씀이 육신이 되어"이다. 그런데 이미지 형식으로 우리는 이 인성 – 이 모든 사람들 – 의 핵심을 상징하려고 말씀을 남성으로 만들었다. 우리는 남성의 갈비, 그리고 여성의 자궁과 무관하게 출산의 피와 물을 만들어낸 남성의 옆구리를 찔러서 살아있는 증거로 삼았다. 오래전 가장들은 피의 능력을 잘 알아서 자신들에게 속한 여성에게는 귀를 기울이거나 수용하지 않고서 흠이 없는 양이나 남성에게 그것을 구했다. 그들은 남성을 하나님보다는 조금 천하게, 여성은 남성보다 천하게, 그리고 어린이는 누구보다 천하게 간주했다. 어느 남성에게 직접 혈통을 따질 수 없는 사생아는 다른 어린이들보다 더 천했다. 하지만 적통이 아닌 남성은 같은 경우의 여성보다 천하게 분류되었다. 그 여성은 결혼을 해서 자녀들에게 적통을 계승하고 직접 속량할 수 있었다. 남자 어린이 경우에는 불가능했다! 이 이미지를 더 밀고 가보자. 하나님이 이 인성 안으로 찾아왔다는 것은 더할 수 없이 천하게 되었다는 뜻이다. 그런데 초대교회 교부들은 그렇게 위대한 구원을 감당할 수 없었다. 그들의 통치와 지배의 종말을 의미할 수도 있었으니 말이다. 전체적인 가부장적 구조가 붕괴하는 바람에 밑바닥에 있는 존재가 모든 사람들을 자유롭게 해 줄 수도 있었다. 은유들은 낡은 생각들을 깨뜨리고 지상에서 더할 수 없이 비참한 사람들의 삶을 자유롭게 경험하도록 해준다. 가부장적인 방식이 아니라, 그들이 직접 발언하는 것과 자율성을 행사하는 것을 경청하는 방식으로 말이다. 예수는 크고 분명하게 발언했다. "들을 귀 있는 자는 들으라!"[32]

교회와 문화의 해방/변혁

기독교교육의 요즈음 주제는 회중의 구성원들을 위한 교육과정과 프로그램을 강조하는 것처럼 보인다. 교회의 커리큘럼 – 공동체, 교수, 예배, 봉사, 기도, 그리고 선포 – 에 초점을 맞추기보다 대다수의 회중들은 교회학교나 젊은이의 모임이라는 관점으로 기독교교육을 한층 더 협소하게 파악한다.[33] 종교교육, 문화연구, 그리고 사회변혁 간의 관계를 전일적으로 파악하는 것을 오늘날 상당수의 교회들은 우선순위를 낮게 잡은 것처럼 보인다. 닐은 이런 틀에 적합하지 않을 것이다.

1984년 3월 8일, 드루대학 신학대학원이 닐 머튼에게 인문학박사 학위를 수여하는 자리에서 동료교수이면서 친구였던 데이빗 그레이빌(David Graybeal)은 그녀를 "교회의 신학교사, 하나님의 예언자"로 소개했다.

> 그래서 닐은 일평생 어린이들, 산악지대 사람들, 흑인들, 노동자들, 여성들을 옹호하는 사역을 했다. 여전히 목소리를 찾지 못한 이들의 "발언을 경청"하려고 노력했다. 일평생 그녀는 뒤로 물러서는 법이 없었다. 당국에 진실을 전달했고, 또 어리석은 짓을 결코 용납하지 않았다. 여러 세대에 걸쳐서 학생들은 그녀의 예리한 질문 덕분에 당황했고, 그 덕분에 자신들의 과제에 집중하고 힘을 얻었다. 동료들은 그녀 앞에서 생색을 내는 게 지혜롭지 않다는 것을 바로 깨달았다. 그녀가 일평생 따른 소명은 예언자의 역할이었다. 그녀는 쟁점들마다 시대를 앞섰고, 오래 전에 처리

하지 못한 것을 지금 실천하도록 요구했다.[34]

닐이 종교교육과 개인 및 사회변혁 간의 밀접한 관계를 구체화한 것은 21세기를 지향하는 교회 지도자로 부름을 받은 어린이, 청소년, 그리고 성인을 위한 모델이 되었다.

사역의 상호성

초대교회에 대한 최초의 서술 가운데 하나를 사도행전(2:43-47)에서 확인할 수 있다. "믿는 사람이 다 함께 있어 모든 물건을 서로 통용하고 또 재산과 소유를 팔아 각 사람의 필요를 따라 나눠 주며 날마다 마음을 같이하여 성전에 모이기를 힘쓰고 집에서 떡을 떼며 기쁨과 순전한 마음으로 음식을 먹고 하나님을 찬미하며 또 온 백성에게 칭송을 받으니"

이 성서 본문에서 두드러지는 것은 계급의 부재이다. 모여든 사람들을 '신자'(believers)라고 불렀는데, 그 낱말은 성별이나 나이, 인종, 또는 교육수준을 일체 거론하지 않는다. 우리는 소규모 집단이었던 초대교회가 생존을 위한 노력으로 지도자와 직제를 임명했다는 사실을 알고 있다. 오늘날의 교회를 1세기의 회중들과 대조해보라. 누가 지도자로 부름을 받았나? 누구의 리더십과 사역이 교회에서 환영이나 인정을 받지 못할까? 닐의 말을 들어보자.

내가 인종차별, 전쟁, 가난, 반유대주의, 계급, 경제, 의무 이성애, 그리고 정치가 예외 없이 여성의 문제들과 연계되거나 상호 연계되어 있다고 간주하기 시작한 것은 급진적인 페미니스트 관점 덕분이었다.[35]

닐은 교회가 리더십, 청소년, 여성, 소수민족, 게이 그리고 레즈비언에 관해서 중대한 교차로에 직면했다고 생각했다. 여성들이 눈에 띄지 않는 것을 거론하면서 닐은 단순히 개혁이나 개선에 교회의 성패가 달린 게 아니라고 주장했다. "문제는 혁명적인 것 그 이상이다. 즉, 영성의 회복과 인류의 생존이다."[36] 어쩌면 닐의 삶과 업적 전반에 걸쳐서, 그리고 심지어 인생을 마감할 때까지도 강력한 영향을 끼친 것은 하나님의 영역 안에서 사역하도록 부름 받은 모든 사람들의 평등에 대한 이런 신념이었을지 모른다.

교수와 학습의 예술적 방법

서론에서 바바라 킬리(Barbara Anne Keely)는 페미니스트적 교수 차원에서의 이론과 실천의 통합이라는 간과할 수 없는 요소를 언급한다. 이 책에 소개된 신학적 성향의 교육자들은 교수 내용과 과정의 결합을 확실하게 중시한다. 이 페미니스트 방법론 – 예술적인 것 – 의 일부는 이 책에 등장하는 선구자 서너 명의 일차 과제였고 지금도 여전하다.[37]

닐 머튼이 드루에서 가르친 과목 "교회 사역의 일부 현대적 표현들" (Some Contemporary Expressions of the Church's Ministry)은 이야기, 드라마, 춤, 미술 그리고 역할극과 함께 이런 방법들과 사역의 관계가 보유한 신학적 차원들을 탐구했다. 처음에 닐이 미술교사로 활동한 것, 정신적 장애를 가진 어린이들을 교육하는데 미술을 활용한 것, 그리고 예술적 표현에 대한 개인적 선호와 향유는 기독교교육에 대한 집필과 교수에 방향을 제시했다.

예언적인 음성과 일관되게 닐은 "사회적 항의의 드라마"(The Drama of Social Protest)라는 제목의 논문에서 드라마, 문학, 그리고 교회와 예술가 간의 관계를 검토했다.

극장의 관객들은 현대 극작가들이 무슨 일이 일어나는지 나름의
역설적 방식으로 표현하면 모든 게 만족스럽지 않다는 것을 이상
하게 힘들어하는 것 같다. 어쩌면 중산층이 저항을 주제로 한 현
대 드라마를 거부하는 것은 교회 안팎에서 광범위하게 종교적인
것을 미국식 생활방식과 혼동하는 것일지 모른다. 교회가 최첨단
의 목회를 잃어버리면 현실적 드라마에 대한 공세적 태도에 대한
대안까지 동시에 잃는다. 정치와 국가 차원에서 지도자들이 종교
용어를 구사할 경우에는 오래 전에 죽어버린 이상들이 여전히 살
아있는 것처럼 믿도록 속이는 경향이 있다. 사태를 이렇게 바라
보는 대부분의 사람들은 고 케네디 대통령이 백악관에 예술을 끌
어들이려고 노력한 것을 교양이 아니라 예언자적 행위로 간주했
다.[38]

타협을 모르고 진리에 몰입하는 극작가들을 거론하면서 닐은 이렇게
말했다. "갈피를 못 잡는 선포에 편승하기를 거절하는 목회자는 하나님
의 말씀에 대한 충성스런 교회를 잃어버리거나 '자신이 할 수 있는 선'을
위험에 빠뜨릴 수 있다. 그렇지 않으면 '복음의 목회자'로 남게 된다. 일
부 목회자들은 평신도가 복음을 들을 수 있는 능력이 있고 그것을 모두
듣는다고 확신한다."[39]

닐은 인종문제, 평화, 정신 및 신체적 장애아, 그리고 교회와 문화 안
에서의 여성의 음성이라는 문제에 관한 사고나 글과 일관되게 예언과 예
술 사이에 긴장상태를 유지했다. "진정한 예언자는 상황의 조건과 모호

한 인간의 마음을 누구도 벗어날 수 없는 방식으로 폭로한다. 모든 인간의 동기, 모든 인간의 행위, 예언적 드라마는 이기주의와 편견을 이런 저런 방식으로 긍정하고, 명백하게 할 수 있다. 시간에 속한 모든 질서는 해 아래 있는 모든 국가들이 심판을 피해갈 수 없을 정도로 상대적이라는 것을 알려준다."[40]

페미니스트 유산

전기 연구의 중요한 단계는 대상이 인용된 곳들을 확인하는 것이다. 머튼이 가장 자주 인용되는 작품의 장르는 페미니스트 신학, 또 가장 빈번하게 거론된 표현은 "발언에 대한 경청"이다. 이 표현은 닐이 사람들의 음성에 힘을 실어주는 일에 평생 헌신한 것의 본질을 포착한다. 정신적으로 장애를 가진 어린이들의 교육을 위해서 활동했든지, 남부 흑인들의 인권이나 또는 교회가 음성을 부정하려고 했던 모든 이들 ─ 여성, 청년, 게이와 레즈비언 ─ 의 세계와 교회의 리더십 해방을 위해서 활동했든지 간에 닐 머튼은 평생 "사람들이 하는 말을 경청했고" 덕분에 그런 집단을 거론하는 음성을 거부하도록 구축된 세계를 변화시키는 인물로서 책임 있는 삶을 살면서 실천했다.

그렇지만 페미니스트 유산은 그런 이미지에 국한되지 않는다. 닐은 사람들의 말에 경청하는 게 인간 존재를 비인간화하는 이미지, 상황, 그리고 권력과 맞서는 과정의 한 단계에 불과하다는 것을 경험으로 알고 있었다. 일단 어떤 사람이 발언을 경청하기만 하면 움직일 것이라고 예상했다. 이 장의 서두에 인용한 글은 닐의 일관된 사고, 존재, 그리고 교육자로서 가장 큰 유산일 수 있는 교수를 소개한다. 나이, 성별, 피부색, 또는 신체적 및 정신적 장애와 무관하게 인간끼리 만나는 순간은 진정한 경청, 존재, 그리고 대화에 필요한 잠재력을 보유한다. 그것들은 세계 안에서 그리스도인으로 존재하라는 부름과 관계된 사고와 행위를 성찰하는 기초가 된다. 닐 머튼의 경우에 여정은 지도상의 물리적 거리가 아니라 신앙을 소유한 사람의 평생에 걸친 발달에 관한 것이다. "지상에서 가장 먼 곳은 당신과 가장 가까운 사람이라는 존재로의 여정이다"이라고 믿었기 때문이다.[41]

닐 머튼은 1987년 7월 14일 세상을 떠났다. 부고 기사(Claremont Courier)는 그녀를 "페미니스트 개척자, 초기 민권과 반전 옹호자 … 신학자이면서 교육학자"로 소개했다.[42] 그녀의 유산은 신앙과 공동체에 진정으로 뿌리를 내리고 있고 직접 신앙을 고백하는 이들에 대한 그녀의 기대는 급진적이다. 그녀는 우상파괴적인 예언자였다. 그러면서도 동료인 리치(Adrienne Rich)와 클리프(Michelle Cliff)가 기억하듯이 "무엇보다 삶을 사랑하고 사람들을 존중하는, 타자들에 대한 사회와 정치적 불의를 변화시키는 데 특별한 에너지를 바쳤던 애정이 깊고 용기 있는 전사 … 진정한 혁명가"의 정신을 역시 소유했다. "… 닐은 가슴과 정신을 가지고 활동했다."[43]

「여정은 가정이다」에서 닐은 말했다. "폭력과 불의를 직시하려면 열정과 용서와 헌신이 담긴 사랑이 필요하다고 확신한다. 여성들이 이미 몸으로 실험을 시작하고 있는 새로운 인식 방법과 새로운 경청의 방법이 필요하다."[44]

닐은 인생의 마지막 20년을 지역적으로나 세계적으로 교회에 페미니스트의 음성을 제기하는데 바쳤다. 페미니스트 신학, 이미지, 그리고 리더십을 금지한 가부장제를 규정하는 일에 주도적으로 이끌어서 미국 문화 안에서의 "여성 운동"을 교회는 물론이고 검증을 거치지 않은 하나님 이미지와 여성의 역할과 제대로 대화하고 대결하게 만들었다.

캘리포니아주의 클레어몬트(Pilgrim Place)로 은퇴하고 난 이후에도 닐은 꿈과 희망을 계속 확대했다. "현재에서 꿈을 실행할 때 우리는 그곳에 있는 모든 과거와 미래를 위한 새로운 현실을 창조한다."[45] 그것이 은퇴 공동체에서의 복장, 좌석, 그리고 식사기도의 규정에 대한 도전이든지, 클레어몬트 지역사회의 젊은 페미니스트 학자들의 양성이든지, 아니면 가부장주의와 무관한 예배 경험의 모색이든지 간에 닐은 새로운 형식의 사고와 행위에 들어설 수 있는 창문을 여는데 쉬지 않고 헌신했다. 1978년에 그녀는 이런 글을 남겼다.

길을 따라가다가 검증되지 않은 상징들을 보유한 가부장적 종교의 거대하고, 여성에게 폐쇄된 문 앞에서 향수에 잠긴 채 멈추면 내 속 깊은 곳에서 알 수 없는 그 무엇이 소리친다. "자매여, 여행을 계속하라! 여행을 계속하라! 길은 끝나지 않았다."[46]

이 글은 선입견에 도전하고, 상징을 검증하고, 또 새로운 세계 질서를 만들도록 서로 붙잡고 교회가 책임을 감당하도록 여성과 남성을 여전히 사로잡고 있다. 이것이 바로 닐 머튼이 남긴 페미니스트 교육의 유산이며 오늘날 종교교육의 여전한 과제이다.

4장 주(註)

1. Nelle Morton, *The Journey Is Home* (Boston: Beacon Press, 1985), 227.

2. 머튼의 논문을 엮은 *The Journey Is Home* 볼 것.

3. Morton, *The Journey Is Home*, xviii

4. Ibid, xix.

5. John A. Salmond, "The Fellowship of Southern Churchmen and Interracial Change in the South," *North Carolina Historical Review* 61, 2 (April 1992): 180.

6. 이 시기에 닐 머튼이 집필한 저서에는 *The Church We Cannot See* (New York Friendship Press, 1953)와 *The Bible and Its Use* (St. Louis: Bethany Press, 1955)가 있다.

7. 류터(Rosemary Radford Ruether)는 닐의 저서에 대해서 이렇게 피력했다. 톰슨(Betty A. Thompson)이 닐의 죽음을 거론하는 논문에서 그것을 인용했다. "Nelle Morton: Journeying Home, *Christian Century* (August 26, 1987): 711.

8. 나는 닐과 남부와 장로교회라는 동일한 뿌리를 공유한다. 1964년 나는 고등학교에 재학 중이었는데, 당시 내가 속한 회중 지도자들은 유색인들에게 예배의 기회와 구성원의 자격을 거부하는 쪽으로 투

표했다. 이 교회는 미국 장로교회 소속이었다. 여성안수를 인정하지 않는 바람에 그 교회는 1989년 장로교회(U.S.A.)를 떠났다.

9. Morton, The Journey Is Home. 191.

10. 니버(Hulda Niebugh), 헨더라잇(Rachel Henderlite), 그리고 리틀(Sara Little)과 4장의 공저자 매카시(Estelle Rountree McCarthy)는 모두 자신들이 속한 칼리지와 신학대학원에 지역 교회교육의 교수 경험과 커리큘럼 집필에 대한 실제 배경을 제공했다.

11. 신학대학원 교수진이 보다 폭넓게 다양성을 성찰하기 시작하게 된 것은 1980년대 중반 이후였다.

12. 1984년 2월 19, 22, 24일 캘리포니아주 클레어몬트의 닐 머튼 집(Pilgrim Place)에서 진행된 리치(Adrienne Rich)와의 미출간 인터뷰.

13. Nelle Morton, "Listening to Children." International Journal of Religious Education 36, 11 (July–August 1960): 12, 13.

14. Ibid, 76.

15. Morton, The Journey Is Home, 82.

16. Nelle Morton "How Images Function," in The Journey Is Home, 31.

17. Ibid.

18. Nelle Morton "How Images Function," Religious Education 60, 6 (November–December 1963): 441.

19. Ibid.

20. Nelle Morton, "Myths and Truths in Theology," Presbyterian Survey (November 1984): 21.

21. 리치와 머튼의 인터뷰.

22. Ibid.

23. Ibid.

24. Nelle Morton, "Toward the Church's Self-Understanding is Race Relations," *Drew Gateway* 30 (autumn 1959): 20-21.

25. *The Journey Is Home* 비디오카세트(Louisville, Ky : Presbyterian Church [U.S.A], 1989)의 *Leader's Guide*의 서론에서 Karen McCarthy Brown가 인용, 20.

26. Morton, *The Journey Is Home*, 191.

27. "Nelle Morton," in "Notable Presbyterians of 1949," *Presbyterian Outlook* 131, 10 (March 7, 1949): 7.

28. 그 과목은 "교회와 사회에서의 여성의 위치에 관한 부단한 질문에 대한 탐구"라고 소개되었다. "일단 교회 생활의 위계적 구조에 의문이 제기되면 남녀가 새로운 인류에 들어갈 수 있는 자유가 열린다. 고정관념을 일삼는 성서의 이미지들을 검토하는 동시에 기본적인 성서의 고백이 그것들을 초월하는 시도가 진행된다." 실천신학의 분야에서의 닐의 운동을 반영하기 때문에 과목의 제목이 중요하다. 드루 대학의 커리큘럼에 포함된 그녀가 가르친 기타 과목들은 다음과 같다. "성서와 기독교 교육," "기독교교육의 흐름," "인종과 교회의 교육사역," "교회목회의 일부 현대적 표현들," "기독교적 친교를 통한 학습," "교회의 사역과 어린이들," "예배와 기독교교육," "환경학습," 그리고 "어린이의 신앙."

29. Diane Deutsch, "Memories of Nelle," in *Leader's Guide* to the videocassette, *The Journey Is Home*, 36.

30. Catherine Keller, "Nelle Morton: 'Hearing to Speech,'" Christian Century (February 7-14, 1990): 143.

31. Ibid.

32. Nelle Morton, "Holy Spirit, Child Spirit, Woman Spirit" (1976년 5월 29일 캘리포니아주 버클리의 퍼시픽 종교대학원의 졸업식 연설).

33. 해리스(Maria Harris)는 자신의 저서 Fashion Me a People (Louisville, Ky : Westminster/John Knox Press, 1989)에서 다섯 가지의 커리큘럼을 구별한다. 나는 교회의 여섯 번째 커리큘럼, 즉 청지기직(stewardship)을 추가했다.

34. David Graybeal, (드루대학 이사회가 닐 머튼에게 인문학박사 학위를 수여하는 것을 기념하는 연설) 1984년 3월 8일, in Drew Theological Seminary Archives, Drew University, Madison, New Jersey.

35. Morton, The Journey Is Home, 191.

36. Ibid, 197.

37. 신학교육의 상황이나 지역교회에서 예술적 방법으로 가르치고 학습하는 것에 대한 관심은 훌다 니버(Hulda Niebuhr)와 마리아 해리스(Maria Harris)의 교수에서도 역시 분명하게 드러난다.

38. Nelle Morton, "The Drama of Social Protest," Social Action 32, 4 (December 1965): 10.

39. Ibid, 17.

40. Ibid, 18.

41. Morton, The Journey Is Home, 227.

42. "Nelle Morton," *Claremont Courier*, 18 July, 1987, 6.

43. 클리프(Michelle Cliff)와 리치(Adrienne Rich)이 담당한 닐 머튼 추
    도식의 헌사(1987년 9월 12일).

44. Morton, *The Journey Is Home*, 178.

45. Ibid, 198.

46. Ibid.

5장

아이리스 컬리 :

말씀의 전달자

조이스 머서(Joyce Ann Mercer)

기독교교육자, 신학자, 그리고 작가인 아이리스 컬리(Iris Virginia Arnold Cully)는 특별한 페미니스트이다. 페미니스트 신학자들이 하나님의 내재성을 강조하는 시기에는 하나님의 "타자성"(otherness)을 거론한다. 일부 페미니스트가 비가부장적 영성을 추구하면서 종교적 전통을 포기하는데 비해서 아이리스는 영적 생활에 있어서 교회력의 리듬을 강조한다. 교회 사역에 소명이 있다고 생각하는 다수의 페미니스트들에게 성직 안수가 가능성이자 규범이 된 시대에는 평신도 여성이 되는 것을 선택한다. 그리고 신앙을 가진 일부 페미니스트가 성서를 조심스럽게 다루거나 의심하는데 비해서 그녀는 성서가 기독교교육의 핵심이라고 주장하고 있다.

최근 페미니즘과의 관계를 묻자 거침없이 대답했다. "당연히 나는 스스로를 페미니스트라고 생각한다. 하지만 문제는, 다른 사람들이 아닐까? 나는 그것을 저서를 통해 자주 드러내지 않는다. 그냥 실천할 뿐이다."[1] 아이리스에게 있어서 "그냥 실천하는" 것은 상당 부분 지나칠 수 없는 '최초'라는 수식어와 관계가 있다. 그녀는 가족 가운데 최초로 대학을 졸업한 여성, 노스웨스턴대학에서 종교학 박사를 취득한 최초의 여성, 예일신학대학원의 교수가 된 최초의 여성, 종교교육교수연구자협회 (Association of Professors and Researchers in Religious

Education, APRRE)의 회장을 지낸 최초의 여성이었다.

삶과 업적

아이리스 컬리는 1914년에 태어나서 뉴욕시에서 성장했다. 음악과 예술의 안목을 갖게 된 것은 아버지 제임스 아널드(James Aikman Arnold) 덕분이라는 게 그녀의 생각이다. 어려서부터 아이리스를 발레 공연이나 오페라, 그리고 피아노 연주회에 데려가서 예술과 접하게 했다. 어머니 머틀 아널드(Myrtle Marie Arnold)는 자신에게 연극과 극장에 대한 애정을 불어넣었다고 말한다. 예술에 대한 이런 관심은 만년에 기독교교육 방법과 커리큘럼에서 드러난다.

아이리스는 감리교회에서 세례를 받았다. 10살 또는 11살 때 주일학교 담임이었던 이저벨 커비(Isabelle Kerby)가 수업을 마치면서 기도하던 순간을 신앙 여정의 전환점으로 간주한다. "하나님이 갑자기 진짜처럼 느껴졌다"고 아이리스는 말한다.[2] 그녀는 커비를 최초의 멘토로 꼽는다. 커비라는 이름은 아이리스가 1962년 출판한 「말씀의 전달자: 기독교교육과 성서」(Imparting the Word: The Bible in Christian Education)의 헌사에 중학교 담임교사 앤 휴즈(Anne G. Hughes)와 나란히 등장한다.

그 책 서문에서 아이리스는 헌사를 이렇게 설명한다. "〔커비의〕 말과 행동을 통해서 그리스도 안에서 하나님이 빛을 발하면서 귀를 기울이는 아이를 부르셨다. 그녀가 다른 어린이들을 위해서 했던 일은 소명의 배경이 되었다. … 〔휴즈의〕 지도를 받아서 지평이 확대되었다. … 이 두 명의 여성은 모든 그리스도인 교사들이 자신들처럼 할 수 있다는 바람을 가지고 있었다고 생각한다. 진정한 교사는 스스로를 통해서 하나님의 복음을 전한다."[3] 교사와 교사직에 대한 이런 이해는 아이리스의 저서 전반에 걸쳐서 드러난다.

아이리스가 고등학교에 재학하던 1928년에 가족이 교외로 이사하면서 어느 독일개혁교회에 부지런히 참석했는데, 그곳에서는 목사를 장로라고 불렀다. "고등학교와 대학시절에 그분은 교회의 모든 분야에서 일하게 했는데, 어쩌면 조금 과할 정도였다"고 말한다. 그녀는 이 목회자에 대한 개인적인 존경과 그가 고수하는 정통교리가 기독교 신앙에 관한 자신의 의문에 제대로 대답할 수 없다는 새로운 감정을 조정하면서 생겨난 갈등이 가득했던 성장과정을 털어놓았다. "종교와 과학은 당시 젊은이들의 화제였다"고 회상한다. "그리고 우리는 대학에서 우리는 알버트 슈바이처(Albert Schweitzer)의 「역사적 예수 연구」(The Quest for the Historical Jesus)를 공부했다. 당시는 그것과 기독론에 열광했다." 그녀는 어째서 개인적으로 그런 주제들에 흥미를 느꼈을까? "우리를 어떤 문제로 이끄는 것은 언제나 성령이 하는 일이 아닐까?"[4] 그녀는 가족 가운데 최초로 대학에 입학한 여성이 되었다. 아이리스는 1936년 뉴욕의 가든시티에 소재한 애들피(Adelphi)대학에서 영문학을 전공하는 한편, 종교학을 부전공하고서 졸업했다.

청년기

대학 1학년 시절 아이리스는 "불현듯 종교교육을 직업으로 삼고 싶다는 생각을 하게 되었다"고 한다. 1937년 코네티컷의 하트퍼드(Hartford)

신학대학원 종교교육대학원의 석사학위 과정에 입학했다. 그녀는 그 학교가 "자유주의에 완벽하게 빠져있었고"[5] 종교교육을 공부하기에 좋은 곳이었다고 소개한다. 윌리엄 마이어스(A. J. William Myers)와 이드너 백스터(Edna May Baxter)에게 지도받았는데, 그들은 "여성이 하는 일처럼 보이는 '방법'에 대한 과목을 담당한 반면에 남성은 이론과목을 가르쳤다"고 회상한다. 퀘이커 출신 학자 하넬 하트(Harnell Hart)의 명상 수업 덕분에 오늘날까지 관상기도에 활용하는 방법을 익혔노라고 덧붙인다.[6]

하트퍼드신학대학원 시절 아이리스는 켄딕 컬리(Kendig Brubaker Cully)를 만났다. 그는 1937년에 목회학석사를 취득하고 1939년에는 둘 다 하트퍼드에서 박사학위(Ph.D.)를 받았다. 1937년 졸업과 1939년의 결혼 사이 기간에 아이리스는 롱아일랜드의 할리스장로교회에서 "일종의 D.C.E.(Director of Religious Education)와 교회의 간사가 결합된" 일을 했다. "당시에는 그것이 여성이 해야 할 일이기 때문이었다."[7] 이 사역에 대해서 그녀는 다음처럼 평한다. "젊은이라면 누구나 첫 직업에 대해서 느끼는 것처럼 버거운 경험이었지만 독립심과 성취감을 느꼈고, 평등한 결혼생활을 준비하는데 도움이 되었다."[8] 아이리스와 켄딕이 매사추세츠에서 지내는 동안 두 딸, 멜리사 아이리스와 패이션스 앨리그라가 태어났다. 그 가족은 나중에 켄딕이 제일감리교회에서 일자리를 얻게 되자 일리노이주의 에번스턴으로 이사했다.

켄딕은 결혼 이후 회중교회 목사로 안수를 받았는데, 아이리스는 그 일을 이렇게 소개한다. "나는 회중교회 교인이 되었다. 나중에 그가 성공회 사제가 되자 나 역시 성공회 교인이 되었다. 그때는 그럴 수밖에 없었다. 당시에는 부인은 남편의 종교를 따랐는데, 목회자인 경우에는 특히 그랬다."[9] "시카고 지역 성공회 교회가 다른 종교들에 취하는 영국식 가톨릭의 태도"를 내켜하지 않아서 두 번째 변화는 더욱 어려웠다.[10] 그녀는 일리노이주 에번스턴에서 개최된 제2차 세계교회협의회 총회 기간에 스티븐 킬러(Stephen Keeler) 주교에게서 견진성사를 받았다.

마침내 아이리스는 성공회 교회의 전통에서 특히 두 가지 요소를 높게 평가하게 되었다. 첫째는 교회력을 준수하는 "교회절기의 실천"이라고 그녀가 부르는 것이다. 이런 견해는 개혁교회의 영향이 상당히 강하게 드러나는 저서에 나타나 있다. 둘째, 컬리는 성공회가 흠숭(adoration)과 찬미(praise)라는 역사적 예전과 더불어서 매주 성찬식을 베푸는 것을 높게 평가한다.

신학수업

1950년경 아이리스는 박사과정에 들어가기로 마음을 굳혔다. 가족이 일리노이주의 에번스턴으로 이사하자 개럿신학대학원(1954년에 신학학사)과 노스웨스턴대학의 협동과정(1955년 Ph.D.)에서 공부하기 시작했다. "나는 백 명의 남학생들 사이에서 홀로 공부했다." 그녀는 개럿 시절을 이렇게 회상한다. "그들은 기억나지 않는다. 하지만 그들이 나를 강의실에서 유일한 여학생으로 기억하고 있다는 것은 믿어도 좋다!"[11]

노스웨스턴에서 아이리스는 멘터이자 역사신학 교수였던 데이빗 쉽리(David Shipley)의 가르침으로 성서신학을 접하게 되었다. 그녀는 노스웨스턴의 대학원 시절을 상당히 들떠있던 때였다고 소개한다. 그곳에서 수업이 끝나면 켄딕과 점심을 먹으면서 강의를 놓고 토론하고 장 칼뱅, 라인홀드 니버와 리처드 니버, 루돌프 불트만, 그리고 마틴 부버의 저서를 읽었다. 이 신학적 지식은 기독교적 케리그마와 성서에 초점을 맞추면서 기독교교육에 관한 작품의 토대가 되었다. 아이리스의 설명처럼 "나는 자유주의에 노출된 것에 관해서 많은 것을 고맙게 생각하지만, 일차적으로는 성서 지향적이다. 그곳은 더 깊다. … 나는 하나님의 타자성을 보다 더 강력하게 느낀다. 하나님의 직접성과 내재성은 하나님의 초월성에 비추어 볼 때 놀라운 의미를 갖고 있다."

아이리스는 여성 최초로 노스웨스턴에서 종교학으로 박사학위를 받았다. 박사학위 논문 제목은 "3세부터 11세까지의 어린이 커리큘럼 구성의 시사점에 대한 기독교교육의 케리그마적 접근"(A Kerygmatic Approach to Christian Education with Special Reference to Implications concerning Writing Curriculum for Children Ages Three to Eleven)이었는데,「기독교교육의 역동성」(The Dynamics of Christian Education)의 토대가 되었다.

교수와 집필 작업

대학원 수업과 교수, 또 교회의 사역 시절 컬리는 미국 연합장로교회(지금은 미국 장로교회), 연합그리스도의교회, 그리고 연합감리교회를 비롯해서 여러 교단들의 커리큘럼을 집필했다. 그녀는「기독교교육: 공유적 접근」(Christian Education: Shared Approaches) 커리큘럼과「기독교 신앙과 삶」(Christian Faith and Life) 시리즈를 집필했다.

1964년 가족이 에번스턴에서 뉴욕으로 이사한 뒤에 아이리스는 몇몇 대학원(유니언신학대학원, 예일신학대학원, 뉴욕대학, 그리고 뉴저지주 매디슨의 드루대학)에서 종교교육을 가르쳤다. 1965년에는 시간강사 신분으로 예일신학대학원에서 가르치기 시작했다. 마침내 컬리는 여성으로는 최초로 예일신학대학원의 교수가 되었고, 1972년까지 조교수로 가르쳤다.

1971년 아이리스와 켄딕은 버몬트로 이사했다. 거기서 그들은 함께 잡지(Review of Books and Religion)를 창간하고 편집했다. 아이리스는 1976년에 켄터키주의 렉싱턴(Lexington)신학대학원으로부터 봄 학기에 종교교육을 강의해달라는 초청을 받았다. 그녀는 부부가 함께 결정한 과정을 이렇게 회상한다. "켄딕과 나는 누구든지 전임을 제안 받으면 그게 우리가 가야 할 곳이라고 말했다."[12] 4개월 간 방문교수를 지낸 아이리스는 렉싱턴신학대학원의 종교교육 교수이면서 그리스도의제자들(Disciples of Christ) 교단이 운영하는 신학대학원의 첫 여성 교수가 되었다.

아이리스는 교수로 임용된 학교들 이외에도 브롱스의 포덤대학(Fordham), 캘리포니아 버클리의 퍼시픽종교대학원(Pacific School of Religion), 인디애나 세인트메인러드의 메인러드(Meinrad)신학대학원, 캘리포니아의 클레어몬트(Claremont)신학대학원을 비롯한 여러 대학에서 가르쳤다. 가르치는 과목은 수강하는 사람들에 따라서 늘 결정되었다. "언제나 나는 성서와 어린이에 관해서 가르쳤다. 한동안 그런 형식을 유지했다. 나중에는 '종교교육자로서의 목회자' 같은 과목들을 더 많이 가르치게 되었다. 렉싱턴에서 관심을 보였기 때문이다."[13]

아이리스는 렉싱턴에서 대략 10년을 보낸 것과 학생 사역자들과 더불어서 사역한 것을 교수경력의 정점으로 간주한다. 그곳에서 그녀는 학생들로 하여금 스스로를 교사로 간주하도록 돕는 게 자신의 역할이라고 생각했다. 아이리스는 목회자의 교육업무를 강조하기 위한 방법으로 장로교에서는 목회자를 가르치는 장로로 부른다는 것을 몇 번이고 주지시켰다.[14]

1985년 아이리스와 켄딕은 캘리포니아주 클레어몬트의 필그림 플레이스(Pilgrim Place)로 가서 「종교교육백과사전」(Harper's Encyclopedia of Religious Education)을 공동 편집하는 것으로 은퇴생활을 시작했다. 다섯 권의 책을 함께 집필하고 잡지를 창간하는 동반자의 삶을 산 끝에 백과사전은 둘의 마지막 공동 작업이 되었다. 켄딕은 1987년 3월 책이 미처 출판되기 전에 암으로 세상을 떠났다.

1990년 마침내 백과사전을 완성한 아이리스는 슬픔을 벗어날 수 있었다. 그것은 그녀가 보다 깊은 관상적 영성으로 돌아선 것으로 간주한 사건이기도 했다. 컬리는 성십자가동행수도회(Society of Companions of the Holy Cross)라는 성공회의 평신도 여성 수도회 소속이다. 해마다 매사추세츠의 퇴수회 센터에서 한해도 거르지 않고 지속적으로 중보기도를 함께 한다. 아이리스 컬리는 1984년에 출판한 「영적 성숙을 위한 교육」(Education for Spiritual Growth)을 "한 세기 동안 영적 생활을 실천하고 공유한" 이 공동체에 헌정했다.[15]

아이리스는 지금의 기독교교육과 커리큘럼 작업을 "중간기"(in-between time)라고 부른다. 부분적으로는 현재 영적 삶에 대한 관심이 되살아나기 때문이다. "모두 이것에 관심을 갖고 있지만, 그것을 가르칠 수 있을까?"를 그녀는 곰곰이 생각한다.[16] 컬리는 이렇게 주장한다. "영적 삶은 양육된다. … 사람들은 공동체를 돌보는 삶을 통해 양육하는 사람들이 된다. … 양육은 서서히 일어난다."[17] 그녀는 덧붙여서 말한다. "영적 지도자는 교사가 아니라 안내자이면서 멘터이다. 어쩌면 멘터로서의 교육자는 차세대 종교교육의 물결이 될 것이다."[18]

아이리스 컬리는 여러 교단들을 경험했고 교회에서 다양한 사역을 담당했다. 그 기간 내내 그리고 폭넓은 신학교육에도 불구하고 그녀는 성직을 바라지 않았다. 그 이유를 직접적이면서도 간결하게 제시한다. "나는 평신도와 신학자로 부름을 받았다."[19] 컬리에 따르면, 개신교 여성들은 대개 교구목회를 하려고 안수를 받게 되면 종교교육의 분야를 포기했다. 그녀는 이 상황이 교회에서 할 일을 찾는 여성들에게는 불가피한 현실이라고 평가한다. "전후에 교회는 재정이 더 풍족해져서 사역을 감당할 안수 받은 사람을 요구했다. 안수를 받은 여성들은 종교교육의 현장을 떠나는 경향이 있다. 물론, 지금 교회는 두 가지 유형의 성직자(남성과 여성)를 확보했고 여성은 언제나 교육자가 될 테지만, 그것을 위해서 굳이 교육을 받을 필요는 없다. 그리고 교회 사역에는 평신도 사역자를 위한 공간, 시기가 존재하지 않는다."[20]

하지만 아이리스 컬리는 대부분 교회와 종교교육의 분야에서 자신을 위한 공간을 분명하게 확보했다. 그곳에 끼친 그녀의 영향과 학문과 교육에 대한 그녀의 공헌은 광범위하다. 그녀는 저서를 11권 집필했고 남편과 더불어서 6권의 책을 공저하고 편집했다. 게다가 아이리스는 여럿과 어울려서 다양한 글을 쓰고 논문과 커리큘럼, 서평을 기고했다.

실천적 감각의 이론가

아이리스 컬리의 가장 중요한 기여는 이중적이다. 첫째, 그녀는 기독교교육을 위한 두드러진 신학적 틀을 개발했다. 이 작업은 종교교육의 분야에서 여성으로서는 최초로 이론적으로 기여한 것이다. 아이리스는 기독교교육의 내용, 방법, 그리고 상황에 대한 신학적 이해를 가능하게 할 뿐 아니라 교수(teaching)에 관한 분명한 신학적 관점을 발전시켰다. 그녀는 자신의 저서 전반에 걸쳐서 기독교교육자들에게 성서를 교회교육을 위한 기독교 공동체의 일차 본문으로 삼고 가장 탁월한 성서학으로 성서를 가르치도록 요구한다.

둘째, 아이리스의 작업은 교회의 교육사역을 강화하려는 의도적인 시도 안에서 이론과 실천을 통합한다. 예컨대, 그녀는 커리큘럼을 학습자 개인을 교육하는 것으로 개별적으로 간주하는 경향에 맞서서 회중이라는 전체적 체계라는 측면에서 커리큘럼에 접근한다. 그녀는 기독교교육 프로그램이 교회의 일부로 완벽하게 통합되도록 요구한다. 끝으로, 그녀는 어린이 발달에 관한 이론적 관점을 교회에서의 어린이 양육에 대한 관심과 결합시킨다.

지금부터 아이리스의 저서에서 가져온 몇 가지 핵심 주제를 가지고서 종교교육 분야에 대한 공헌을 살펴보자. 이 주제들이 전개되면서 바바라 킬 리가 서론에서 제시한 종교교육에 대한 페미니스트적 접근의 여덟 개의 요소들이 대부분 모습을 드러낼 것이다.

기독교교육 내용으로서의 케리그마

아이리스 컬리의 1958년 저서인 「기독교교육의 역학」(The Dynamics of Christian Education)은 기독교교육에 접근하는 이론적 기반 구실을 하는데 비해서 후속 작품들은 그 접근을 어린이 사역이나 커리큘럼 같은 교육의 특정 영역에 실질적으로 적용했다고 평가할 수 있다. 「기독교교육의 역학」이 제시하는 그녀의 주장은 예수 그리스도를 통한 하나님의 행위라는 복음의 선포(케리그마)는 기독교교육의 기초이면서 그 내용을 결정하는 준거라는 것이다. 교육은 이 메시지의 교육과 전달에 관한 것이 되어야 하고, 그럼으로써 그리스도를 통한 하나님의 행위는 개인들의 삶과 세계 안에서 모두 현실로 바뀌게 된다.[21]

아이리스의 접근 배후에 있는 방법론은 하트퍼드의 자유주의 종교교육학과 개럿과 노스웨스턴의 신정통주의 신학을 각각 상대화하는 방식으로 긴장을 유지한다. 예컨대, 그녀는 케리그마를 인간에 대한 하나님의 주도적 행위에 집중하는 것이면서 인간과의 관계 속에서 하나님의 자유와 "타자성"을 강조하는 것으로 제시한다. 이런 신정통주의적 접근은 인간 및 그들의 현재 경험에서 출발하는 자유주의와 경험을 지향하는 교육과는 대조를 이룬다.

그러면서도 아이리스의 케리그마적 접근은 교육에 필수적인 인간의 요구와 경험을 간과하지 않는다. 예컨대, 이것들은 예술매체를 학습자들에게 독창적인 참여를 요구하는 방법으로 선택할 경우에 중요한 역할을 한다. 그녀는 종교교육에 접근하면서 학습자의 경험을 당면한 현재에 국한하지 않고서 역사의 의미까지 포함시킨다. 아이리스는 발달심리까지 활용한다. 그럼에도 불구하고 그녀가 보기에 심리학과 교육의 이론들은 교육을 위한 출발점이 될 수 없다. 오히려 그것들은 하나님의 영이 활동하는 인간의 환경 전체에 대한 일부 이해로써 기능을 할 뿐이다.[22]

기독교교육방법으로서의 참여

아이리스는 인간의 참여를 통해 발생하는 복음에 대한 선포와 증언에 근거한 교육방법론을 강조한다. 즉, 사람들은 복음에 참여하고 다른 이들과 함께 생활하면서 그 실체를 파악한다. 그녀는 마틴 부버의 언어를 차용해서 참여라는 관계적 방법을 서술한다. 교사들이 학습자들을 "나 −

당신"의 관계 속에서 만나는 순간 그들은 대상이 아니라 주체가 된다. 이 관계는 인간과 예수 그리스도를 통한 하나님의 자기폭로 사이에서 나 – 당신의 패턴을 따른다. 그 관계에 참여하는 개인들은 복음의 메시지를 단지 인지적 긍정이 아니라 새로운 생활방식을 낳는 실체로서 자신들의 삶에 통합시킨다.

아이리스의 참여의 교육방법과 교수에 대한 이해는 페미니스트적 접근의 두 가지 요소들, 즉 교사와 학습자의 파트너십의 삶과 경험이 통합된 인간 전체에 관여하는 교육을 제시한다.

환경으로서의 신앙공동체

교회는 예배와 사역을 통한 교육이라는 기독교교육을 위한 환경이다. 교회에 참여함으로써 – 예배, 예전, 친교, 그리고 세상에서의 봉사 – 사람들은 신앙이 양육된다. 교회 환경은 기독교교육에 분명한 신학적 의제를 제시하는데, 괜찮은 시민들을 양성하는 "문화 학교"와는 성격이 다르다. 기독교교육은 대조적으로 신앙의 양육에 관심이 있어서 사람들은 하나님의 부름과 관련된 소명을 실천할 수 있다.[23] 아이리스가 신앙공동체를 기독교교육을 위한 환경으로 주목하는 것에서 공동체 안에서 발생하는 종교교육의 또 다른 요소를 확인하게 된다.

아이리스는 교회를 "이스라엘 민족과 예수 그리스도의 삶, 죽음 그리고 부활을 통해서 창조와 구속 안에서 드러난 하나님의 사랑 이야기"의 핵심으로 간주한다.[24] 그것은 불가피하게 성서를 "기독교교육의 중심에" 배치한다. "이 이야기는 우리의 이야기이다. 그것은 교회, 즉 기독교 공동체의 기초가 되고 연속적으로 지원한다."[25] 아이리스는 교회교육 프로그램에 활기를 불어넣는 커리큘럼이든 아니면 교회에 속한 어린이들에 관해서 집필하면 언제나 기독교교육에 있어서 성서의 중요성을 강조한다.

실천적 접근으로서의 성서연구

「기독교교육과 성서」(The Bible in Christian Education)는 컬리가 가장 최근에 출판한 저서이다. 그 제목은 이전 작품 「말씀의 전달자: 기독교교육과 성서」(Imparting the Word: The Bible in Christian Education)의 부제이다. 두 작품 간의 관계를 그녀는 재치 있게 언급한다. "다시 써야 한다는 이런 느낌이 들었다!"[26] 두 권의 책은 기독교교육에서의 성서의 위치를 모색하면서 교사들에게 성서를 이해하고 해석하는 데 최고의 성서연구를 활용하도록 요청한다. 그래야 학습자들이 성서를 생생하게 느끼게 할 수 있다는 것이다.

그와 같은 재촉은 페미니스트적 종교교육의 또 다른 요소에 해당하는 이론과 실천의 통합을 입증하는데, 아이리스는 성서에 관한 이론적 학습을 교육과 연계하여 이야기를 들을 수 있고 새롭게 말할 수 있어야 한다고 교사들에게 요구한다. 성서의 교육에 대한 그녀의 관심은 페미니스트적 종교교육의 또 다른 요소를 암묵적으로 끌어들인다. 즉, 언어가 종교적 앎을 형성한다는 인식이다. 아이리스는 교회가 이야기를 공유하는 공동체의 정체성을 형성하는 성서의 독특한 일화를 소유하고 있다고 주장한다. 따라서 성서의 일화는 종교적 앎을 형성하는 특정 "언어"를 구성한다.

복음의 매개자인 교사

교사들은 안내자가 되어서 복음을 매개하는 사람들이면서 하나님의 구속의 은총을 소개하는 이야기에 학습자들과 함께 참여하는 동료들이다. 그런 이유 때문에 교회는 부분적으로 전체적인 기독교 공동체의 삶에 어린이와 성인이 함께 참여하는 것으로 교육한다. 교육에 대한 그런 견해는 교사가 단순히 종교적 개념에 지적 호기심을 가진 사람이 아니라 신앙의 사람이라는 것을 전제한다. 아이리스는 복음에 의해서 삶이 변화된 사람만이 메시지를 다른 사람에게 전달할 수 있다고 강조한다. 그러므로 교육은 역할을 감당하는 게 아니라 신앙공동체 안에서 다른 이들을 안내하고 멘터가 되라는 부름이다. 그것은 일종의 소명이다. 그리고 "교육은 모두를 위한 과제가 아니다."[27]

컬리는 기독교교육은 대부분의 교회가 활용하는 자원봉사 교육제도가 어느 정도 바뀌지 않는 이상 개선될 수 없다고 주장한다. 요점을 지적하기 위해서 그녀는 성가대 대원과 교회학교 교사를 종종 비교한다. "성가대는 주일 오전 1시간 예배를 준비하기 위해서 한 주에 2시간 연습을 하지만, 종종 교사들은 그렇게 많은 시간을 들이거나 준비할 필요가 없다는 확신을 가지고 모집된다. 우리는 좋은 교육은 준비하는 시간이 필요하다는 것에 정직해질 필요가 있고, 그런 다음에 사람들에게 그것을 실행하는 방법을 가르쳐야 한다."[28]

교육에 대한 이 견해는 페미니스트적 종교교육의 두 가지 요소를 제시한다. 첫째, 교사 – 학생의 관계를 파트너십으로 파악할 수 있다. 둘째, 그녀의 모형은 신앙인으로서의 교사의 생활경험을 교육행위와 통합한다. 교사들이 가르치는 내용이 자신들의 모습과 분리되지 않는 것이다.

어린이와 교회의 교육사역

1960년에 아이리스는 「교회의 어린이」(Children in the Church)를

집필했는데, 거기서 그녀는 "어린이와 기독교 신앙 모두를 이해하려고 애쓰는 부모와 교사의 입장에서 기독교교육의 과제에 접근한다[했다]."[29] 마찬가지로, 그녀의 1970년 작품 「기독교적 어린이 발달」(Christian Child Development)[30]은 어린이들의 발달과 학습에 대한 연구를 어린이들의 종교발달의 양육에 관한 관심을 서로 결합시킨다. 이것은 실제적인 주제이지만, 아이리스는 거기에 신학과 아동기의 이론을 한꺼번에 통합한다. 그녀는 어린이들이 하나님과의 관계에서 살아가는 소명을 지닌 사람들로 성장해야 할 목적을 가진 하나님의 최초이자 최고의 피조물이라고 주장한다. 어린이들은 교회의 예배와 성례전에 빠짐없이 참석하고 교회의 사역에 기여할 수 있는 인격체이다. 어린이에 대한 컬리의 저서는 아동기에 관한 신학 및 심리학적 관점을 동시에 고려하는 특징을 갖고 있다.

어린이들의 종교교육에 대한 이런 관심들은 페미니스트적 종교교육의 한 가지 요소인 이론과 실천의 통합을 입증한다. 그것들은 또한 권력의 문제를 수반한다. 아이리스는 어린이들은 교회 내부에 충분하고 중요한 자리를 점유해야 한다고 옹호한다. 게다가 그녀는 어린이 사역의 의미를 사소하게 평가하는 이들에게 어린이 사역에 관해서 계속해서 글을 쓰고, 가르치고, 그리고 교육하는 것으로 도전한다.

교육의 과정과 관계된 커리큘럼

아이리스 컬리는 「기독교교육을 위한 커리큘럼 설계와 선택」 (Planning and Selecting Curriculum for Christian Education)에서 교회의 교육 커리큘럼에 접근하면서 교육을 하나의 체계로 간주하도록 요구한다. 여기에는 (1) 설계와 평가, (2) 일정한 신학 및 교육적 가정, (3)

교수 및 학습의 기회, (4) 교재, 그리고 (5) 리더의 개발과 지원이 포함된다.[31] 그 가운데 일부라도 취약하면 교육과정 전체가 훼손될 수 있다. 컬리는 체계이론을 기독교교육과 연계하고 이렇게 확대시켜서 교육의 교육 사역에 대한 접근에 활용하도록 실질적 도움을 제공한다.

커리큘럼 선택의 "핵심" 이외에도 컬리는 교회의 신학 및 성서적 관점의 문제를 제기한다. 그녀에 따르면, 교파들마다 지지자들이 너무 다양하다보니 통일된 커리큘럼에 대한 하나의 관점을 확보할 수 없다. 하지만 어린이와 성인 모두는 강단에서 설교되고 예전을 통해 경험되고 기독교 교육 프로그램에서 익힌 신학 및 성서의 관점이 모순을 드러낼 때 혼란에 빠진다. "최종적으로 질문해야 할 것은 커리큘럼을 위해서 누가 – 교사(신학적으로 동의하는 자료를 기대하는), 종교교육위원회, 부모들(자신들의 확신이 교재에 포함되어야 한다고 생각하는), 또는 목회자(신학적으로 교육받은) – 공인된 신학적 해석을 결정할 것인가?"[32] 그것 때문에 아이리스 컬리는 교회가 커리큘럼을 선택하고 사용하는 것에 있어서 권력의 문제를 제기하는데, 이것은 종교 지도자들이 계속해서 씨름하는 페미니스트적 종교교육의 또 다른 측면이다.

종교교육의 젠더 문제

대부분의 저서에서 중요하게 거론되지는 않아도 컬리는 여성과 교육이라는 주제에 자주 관심을 갖는다. 예컨대 「변화, 갈등, 그리고 자기결정」(Change, Conflict, Self-Determination)에서 교회 내부의 변화를 거론하면서 여성에 관한 부분을 포함시킨다. 그녀는 여성들이 보다 작은 교회에서는 권력을 확보할 수 있으나 "큰 금액이 오가는 곳에서는 불가능하다"고 피력한다.[33] 안수를 받았건 아니건 간에 여성들이 교회에 고용

될 때 승진할 기회는 제한적이고 수입은 남성들에게 미치지 못한다고 지적한다. 언제나 교회를 위한 실질적인 결과를 주시하는 아이리스는 이렇게 결론을 내린다. "보다 더 구체적인 과제 가운데 하나는 남성과 여성의 고정관념을 바꾸는 방식으로 커리큘럼 자료들을 다시 집필하는 것이다. 또 다른 것은 교회 생활에서 사역의 역할을 더 광범위하게 공유하는 것이다. 여성들은 균형이 이루어질 때까지 책임감과 권력을 계속해서 모색하고 전통적인 사역만 감당하는 것을 거부할 것이다. 여성들이 항의해서 교회를 멀리해야 한다면 빈자리는 분명해질 것이다."[34]

1970년대에 컬리는 두 편의 논문에서 젠더 문제에 곧장 초점을 맞췄다. 첫째, 그녀는 종교교육교수연구자협회 회장 취임 연설에서 기독교교육이 여성 중심 현장이라는 일반적인 가정에 의문을 제기한다. 그녀는 대학원과 전문학교에 여성 교수들이 부족하다고 지적한다. 여성들이 자원봉사하는 교사들 대부분을 차지해도 어린이 사역과 커리큘럼을 제외하고는 "종교교육의 미래를 형성하는 이론가들 가운데 포함되는 법이 거의 없었다."[35] 그녀는 여성 학자들에게 종교교육의 현장에 참여하도록 요청한다. "아주 많이 가져본 적이 없어서 결코 가져보지 못한 것에 도달하는 동안에 스스로 가지고 있는 것을 경시하는 것은 어리석은 일이다."[36] 그리고 그녀는 전문적인 학회들을 상대로 여성 회원들을 더 자주 격려하도록 요구한다.

여성에 관한 아이리스 컬리의 저술에는 종교교육에 대한 페미니스트적 접근의 몇 가지 요소들이 드러나 있다. 페미니스트적 종교교육은 해방으로 이어지기 때문에 정치적이다. 아이리스는 교회, 사회 그리고 전문적인 종교교육 내부에서의 여성들의 지위 변화를 분명하게 옹호한다. 앞에서 언급한 것처럼 페미니스트적 접근의 또 다른 특징은 권력의 문제에 대한 관심이다. 유성들이 종교교육 현장에서 직면하는 문제들과 커리큘럼 자료에 등장하는 여성들의 모습에 주목한 컬리는 젠더적인 권력관계를 재규정할 수 있는 변화를 위해 건설적인 제안을 한다. 따라서 아이리스의 경우에 변화를 요청하는 언어가 신랄하기보다는 조금 더 직설적이기는 해도 그런 접근은 고도로 정치적이다.

페미니즘과 기독교교육 유산

아이리스 컬리의 유산은 최소한 네 가지 영역에서 확인이 된다. 첫째는 종교교육자로서 여성들이 지속적으로 존재해온 것과 신학대학원의 종교교육 여성 교수들이 늘어난 것이다. 대략 20년 전 아이리스는 여성들이 이 현장을 포기하지 말도록 촉구하면서 전문적인 기관과 신학대학원을 상대로 종교교육 분야의 여성들을 지원하고 격려하는 불가피한 변화를 시도하도록 예언자처럼 요청했다. 그녀는 계속해서 APRRE에 관여하고 교수직에서 은퇴한 이후에도 직업을 가진 여성들의 멘터가 되고 있다.

둘째, 아이리스는 어린이의 교육을 "여성의 일"(열등한 의미에서)이라는 편견이 그 분야에 대한 집필을 가로막는 것을 일체 용납하지 않았다. 오늘날 새로운 페미니스트 신학자와 교육학자들의 세대는 어린이들이 교회와 사회의 주변부에 위치한 것에 주목한다. 부모교육, 어린이의 정의 문제, 그리고 페미니스트 해방신학에 종사하는 사람들 사이에서 어린이 보호에 관한 새로운 에너지가 모습을 나타냈다. 부모들이나 교회가 어린이와 신앙을 더 잘 파악하도록 돕는 일관된 노력과 일부 페미니스트가 교회의 여성과 어린이 사역을 결합하는 것을 회피하던 1960년대와 1970년대에 어린이들에 관해서 지속적으로 집필 작업을 해서 아이리스 컬리는 어린이들에 초점을 맞춘 현세대 교육자들과 신학자들에게 문을 열어주었다.

세 번째 컬리의 유산은 교회일치운동과 관계가 있다. 그녀의 여정은 다양한 교파에 참여하거나 더불어 사역하는 것과 무관하지 않았다. 집필 과정에서 그녀는 그것들을 다양하게 활용한다. 예컨대, 장로교회와 개혁교회는 예배에서 설교를 강조하고 교육에서는 성서를 중요하게 간주하는 것을 선호하고 있음을 보여준다. 성공회로부터는 예전에 대한 예리한 미학적 감각과 교회력을 삶에서 실천하는 리듬을 높게 평가하는 것을 이끌어낸다. 정교회의 영적 실천에 대한 관심은 영성에 대한 집필은 물론이고 독자들에게 교육에서의 예술의 능력과 형언할 수 없고 신비한 종교 의식(consciousness)의 측면을 일깨우는 능력을 보여준다. 교파의 색채가 줄어드는 시대에 그녀의 유산은 현대 페미니스트 종교교육자들이 다양한 신앙공동체와 신앙의 학습을 강조하는 건강한 다원주의에 참여하도록 초대한다.

넷째, 컬리의 삶과 사상의 통합은 교회에서 사람들이 성 역할의 변화를 협의할 뿐 아니라 경력, 가족, 그리고 교회의 참여라는 서로 연관된 소명들을 균형 잡도록 도와주는 것과 관련이 있는 페미니스트 종교교육자를 위한 모형을 확보할 수 있다. 예컨대, 파트너십이라는 표현은 아이리스가 결혼생활을 거론할 때 자주 사용한다. 그녀는 자신의 교육이론과 교회를 공동체로 간주하는 시각에서 요구했던 유형과 비슷한 관계 – 양쪽이 서로 배우고 또 상대의 행복에 기여하는 – 를 가지고 상호성을 설명한다. 이 유산은 현대 페미니스트 학자들에게 집필하는 것과 생활하는 것을 통합하도록 요구한다.

　교육과 집필, 그리고 신학에 대한 아이리스 컬리의 열정은 교회와 세계에 대한 그녀의 선물이다. 교수직을 떠났음에도 불구하고 그녀는 종교교육협회나 종교교육교수연구자협회 같은 전문적인 조직에 참여해서 기독교교육의 새로운 세대의 멘터가 되고 있는 것처럼 이 선물들을 끊임없이 제공한다. 새롭게 등장하는 기독교교육의 페미니스트적 패러다임에 대한 컬리의 공헌은 앞으로도 계속해서 펼쳐질 게 분명하다.

5장 주(註)

1. 1996년 9월 16일 컬리와 저자의 전화 인터뷰. 이 글에서 문서화되지 않은 인용은 이 인터뷰의 내용이다. 이 인터뷰의 세부적인 내용 가운데 상당 부분은 이 장을 집필하는데 활용하도록 그녀가 관대하게 제공해준 세 가지 자료에서도 확인이 가능하다. (1) Iris V. Cully "Persons, Places, and Ideas That Have Influenced Me," *Lexington Theological Quarterly* 13 (July 1978): 65-74; (2) videotaped interview with Iris Cully, Alan Moore's *Oral History Project*, School of Theology at Claremont, California, 13 April 1987; (3) videotaped interview, *Iris V. Cully and Randolph Crump Miller-Interview at School of Theology, Claremont: Currents in Religious Education in the Twentieth Century*, School of Theology at Claremont, California, 26 October 1992.

2. 컬리와의 전화 인터뷰. Cully, "Persons, Places, and Ideas," 66-67 역시 볼 것.

3. Iris V.Cully, *Imparting the Word: The Bible in Cbristian Education* (Philadelphia: Westminster Press, 1962), 10.

4. 컬리와의 전화 인터뷰.

5. 컬리가 구사하는 자유주의라는 용어는 보수(*conservation*)와 상반된 현대적 의미와는 다르다. 그녀가 사용하는 자유주의는 미국의 특정 신학 및 철학의 전통, 즉 철학과 인간의 경험에 대한 다양한 이론들, 그리고 인간발달의 새로운 학문 및 심리학이 종교적 사유에서 일차적인 역할을 담당하는 것을 가리킨다. 신학적 자유주의는 신적 내재와 하나님과 인간 간의 조화를 강조한다. 종교교육의 자유주의는 인간 경험의 중심성과 인도주의를 강조하고, 인간의 진보를 낙관하고 책임에 높은 가치를 부여한다. 이 전통은 성서를 아르키메데스 축으로 활용하면서 개인적 성장과 개인주의의 한계를 강조하고 신적 초월을 중시하는 신정통주의(*neoorthodoxy*)와 대조적이다. 종교교육과 관련해서 두 가지 사상들의 흐름을 효과적으로 요약한 것은 W. R. Rood, "Liberalism"과 W. Klempa, "Neoorthodoxy," in *Harper's Encyclopedia of Religious Education*, ed. Iris V. Cully and Kending Brubaker Cully (San Francisco: HarperCollins, 1990), 378-79와 449-50 볼 것.

6. 컬리와의 전화 인터뷰. Cully, "Persons, Places, and Ideas," 68 역시 볼 것.

7. 컬리와의 전화 인터뷰. Cully, "Persons, Places, and Ideas," 69; 그리고 videotaped interview with Cully, *Alan Moore's Oral History Project* 볼 것.

8. Cully, "Persons, Places, and Ideas," 69.

9. 컬리와의 전화 인터뷰. Cully, "Persons, Places, and Ideas," 71 역시 볼 것.

10. Ibid.

11. Ibid.

12. 컬리와의 전화 인터뷰. videotaped interview with Cully, *Alan Moore's Oral History Project* 역시 볼 것.

13. 컬리와의 전화 인터뷰.

14. Iris Cully, "Pastors as Teachers," *Religious Education* 74 (March—April 1979): 121.

15. Iris Cully, *Education for Spiritual Growth* (San Francisco: Harper & Row, 1984), 헌사 부분.

16. 컬리와의 전화 인터뷰.

17. Cully, *Education for Spiritual Growth*, 166—68.

18. 컬리와의 전화 인터뷰.

19. Ibid.

20. Ibid. Iris V. Cully, "Women in Religious Educaion: An Overview," *Living Light: An Interdisciplinary Review of Christian Education* 12 (spring 1975): 12–13 역시 볼 것.

21. 컬리의 가장 완벽한 이론의 형태는 The Dynamics of Christian Education (Philadelphia, Westminster Press, 1958). 기본적인 개념들에 대한 실천 중심 재진술은 Iris V. Cully, *Children in the Church* (Philadelphia, Westminster Press, 1960), 55—70와 118—42 역시 볼 것.

22. Cully, *Dynamics of Christian Education*, 83 볼 것.

23. Ibid. 29.

24. Iris Cully, *The Bible in Christian Education* (Minneapolis: Fortress Press, 1995), 1. 다른 곳에서 컬리는 이렇게 피력한다.

"영적 삶은 공동체 안에서 양육된다. 이것은 닫혀있는 공동체 내부에서 헌신적인 삶을 살도록 요구하지 않는다. … 대부분의 사람들에게 '세상에서의' 삶은 그들의 존재이다. 그들의 영적 삶은 교구에 속한 회중 안에서 발달한다"(*Education for Spiritual Growth*, 136).

25. Cully, *Bible in Christian Education*, 1.

26. 컬리와의 전화 인터뷰.

27. Cully, Children in the Church, 50-54.

28. 컬리와의 전화 인터뷰. Iris V. Cully, *Planning and Selecting Curriculum for Christian Education* (Valley Forge, Pa: Judson Press, 1983), 47; videotaped interview, *Alan Moore's Oral History Project.*

29. Cully, *Children in the Church*, 12

30. Iris V. Cully, *Christian Child Development* (San Francisco : Haper & Row, 1979).

31. Cully, *Planning and Selecting Curriculum*, 67.

32. Ibid., 82.

33. Iris V. Cully, *Change, Conflict, and Self-Determination:* Next *Steps in Religious Education* (Philadelphia: Westminster Press, 1972), 110

34. Ibid., 111.

35. Cully, "Women in Religious Education," 17.

36. Ibid., 18.

6장
노마 톰슨 :
종교간 대화의 헌신자

셰리 블룸벅(Sherry H. Blumberg)

    노마 호잇 톰슨(Norma Hoyt Thompson)에게 무엇보다 잘 어울리는
표현은 이디시어로 멘쉬(mensch)가 뜻하는 완전한 인간, 즉 타인에 대한
거듭된 희생으로 충만한 삶을 사는 사람이다. 그녀는 인격적으로 탁월하
다. 웃음이 가득한 얼굴에서 인간미, 다정함, 지성, 그리고 솔직함이 한꺼
번에 흘러넘친다. 그녀는 신앙을 가진 여성, 경건한 여성, 그리고 교육의
세계에서 실천적이고 학문적인 여성이다. 지금까지의 그녀의 삶과 업적
에 대한 소개와 작품을 검토해야만 진정으로 특별한 여성을 제대로 접근
하고 모습을 확인할 수 있다.
    노마 톰슨의 특별한 이력에는 간사, 휴가성경학교 관리자, 어린이 사
역 책임자, 에큐메니칼 종교 조직의 사무총장, 강사, 뉴욕대학의 종교교
육과정 담당자, 그리고 교수가 포함된다. 이런 다양한 지위들은 그녀의
폭넓은 관심 분야와 더불어서 필요하거나 책임져야 할 일은 무엇이든지
기꺼이 감당했다는 것을 의미한다. 그녀는 광범위하게 집필하는 것은 물
론 20세기 후반 종교교육의 첨예한 여러 운동들에도 참여했다. 그녀는
종교간 대화의 경계를 탐구했고 전례 없는 다원주의 시대에 괄목할만한
종교교육의 흐름을 발전시켰다.
    노마는 모든 경험으로부터 배웠다. 삶의 경험과 학문에 대한 열정은
에큐메니즘, 종교간 대화와 이해, 전인과 기관 모두에 대한 열정이라는

주제들을 결합했다. 대부분의 종교교육적 경험이 공동체 안에서 형성되고 발전했지만, 그녀는 개인의 중요성에 대한 관심을 결코 포기하지 않았다.

노마는 언제든지 페미니스트를 자처하지는 않지만 페미니스트들이 싸우는 명분을 지지하기보다는 몸으로 실천한다. 그녀는 일하는 여성이었고 자기 분야에서 상당한 존경을 받았을 뿐 아니라 여성 최초로 뉴욕대학 종교교육 과정의 전임교수가 되었다. 그녀는 대체로 일을 처리하면서 경쟁보다는 의견을 모으는 관계적 방법을 활용했다.

언어가 종교적 앎을 형성하고 종교교육은 교실 밖으로 이어지는 환경에서 발생한다는 신념 덕분에 그녀는 무엇보다 폭넓은 관점에서 전인적 인간, 전인적 기관, 그리고 종교공동체와 보다 크고 다양한 세계적인 종교공동체 안에서 형성되는 사람들의 관계를 강조하는 종교교육의 실천을 모색하게 되었다. 그녀가 "기독교교육" 교수라는 신분을 "종교교육" 교수로 변경하려고 노력한 것도 그 때문이다.

하지만 노마는 페미니스트가 아니라 그녀의 무의식의 일부였던 페미니스트의 원리를 따르는 철저하게 헌신적인 기독교교육자로 활동했다. 그녀는 학생들과 동료들을 어떻게 대하고 교회와 회당에서 평신도와 성직자 모두를 상대로 어떻게 일해야 하는지 알고 있었다는 것은 가르치는 것만큼이나 중요했다. 우리가 살펴보겠지만, 이런 주제들이 그녀의 삶과 업적의 기초를 대부분 형성했다.

초기 종교 및 교육적 경험

노마 호잇은 1915년 미주리의 벌링턴 정션이라는 작은 마을에서 태어났다. 그녀는 경제적 갈등은 물론 기독교 신앙과 영원한 사랑의 의미를 알고 있는 가난한 대가족 농가에서(여덟 명의 자녀 가운데 셋째)에서 태어난 미국 중부의 어린이였다.

그녀는 어린 시절 가정에서 다양한 종교적 경험을 했다. 어머니의 가족은 후기성도교회에 속한 교회(Reorganized Church)에 다녔다. 1844년 조셉 스미스 사후에 브리검 영의 리더십과 함께 유타로 집단 이주하라는 요구를 거절한 채 일리노이주 서부와 미주리주에 남기로 결정한 몰몬교 교회였다. 그 교회는 가족의 중요성과 공동체의 책임감을 높게 평가했다. 가족이 어머니가 속한 종파의 교회에 출석하지 않았음에도 불구하고 몰몬교가 고수하는 가치는 노마의 삶을 이끄는 힘이 되었다.

아버지 집안은 감리교인이었다. 노마는 아름다운 스테인드글라스로 창문으로 장식된 감리교회를 기억한다. 고모가 주일학교에서 가르쳤다. 신앙이 성장하고 하나님에 대한 이미지가 바뀌어도 노마를 지탱해준 예수와의 경이롭고 근본적인 관계가 바로 그곳에서 발달했다.

부모는 모두를 사랑하고 돕는 게 중요하다고 가르쳤다. 가족은 작은 농장에서 살면서 교회에는 자주 못 갔지만 노마는 7, 8살에 농장에서 멀리 떨어지지 않은 커다란 호수에서 세례를 받았다. 그녀에게 강력한 영향을 미친 당시 기억에는 대형차를 끌고 와서 2, 3일씩 가족과 함께 지내던 오커랜드 수사(Brother Okerland)에 대한 추억이 남아있다. 노마는 물에 들어가는 순간 "하나님의 음성을 듣게 되기를" 기대했지만,[1] 그런 특별한 계시가 없어도 전에 느끼지 못한 감정을 느꼈다고 회상한다. 세례와 어린 시절 부모의 교훈은 삶의 경험과 학문이 서로 결합된 그녀의 경력에서 다시 나타났다.

노마는 독서를 즐겼지만 집에서 사용하는 등유램프 때문에 어려움을 겪었고, 어린 동생들을 돌보느라 공부할 시간을 제대로 가질 수 없었다. 이런 경험 덕분에 노마는 나중에 학업에 필요한 시간을 확보하는 게 쉽지 않은 타문화 출신의 제자들을 감싸주고 이해할 수 있었다.

가족에 대한 책임에도 불구하고 노마는 학교를 수석으로 졸업했다. 고등학교를 마치고 장학금을 받고서 대학에 들어갈 수 있었지만 당시에는 정반대로 선택했다. 가족이나 동네의 누구도 입학을 기대하지 않았다. 여자는 결혼하고, 남자는 농장에서 일하는 게 대부분이었다.

노마는 가족과 함께 지내면서 가깝지 않은 곳에서 두 명의 아이와 노인을 돌보는 일을 했다. 통신과정을 시작해서 속기, 재무, 타자를 배운 그녀는 더 큰 동네에서 일자리를 얻을 수도 있었지만, 읽는 게 어려울 정도로 시력이 좋지 않다는 것을 알게 되었다. 게다가 더 조직적이고 체계화된 환경에서 공부할 필요가 있다는 것에도 생각이 미쳤다.

고등학교를 마치고 돌아온 봄에 노마는 미주리주 칠리코스의 잭슨경영대학에 입학했고, 두 명의 아이들을 돌보는 일을 계속했다. 책임을 벗고 잠시 자유롭게 지내는 동안 그녀는 막역한 친구들을 사귀었고 나중에 남편이 된 폴 톰슨(Paul Thompson)을 만났다. 노마는 톰슨을 "평생 종교적으로 영향"을 끼친 인물이라고 평가한다.[2] 둘은 종교와 결혼생활을 공유했는데, 당시로서는 거의 유례가 없었다. 22년 뒤에는 둘이 주력하는 일이 달라서 주말부부가 되었다.

신앙의 형성과 교육

경영대학을 마치고 결혼하기에 앞서 노마와 폴은 일을 찾아서 캔자스 시티로 갔다. 공황이 끝날 무렵이라서 일자리를 찾는 게 쉽지 않았다. 폴은 가족이 남침례교회 소속이라서 노마와 폴은 캔자스시티의 센트로폴리스침례교회에 참석했다. 노마는 이때 "예수 그리스도가 사후에 생명을 주고, 지옥과 파멸에서 건져 주는 구세주라는 것을 처음으로 듣는 경험을 했다."[3] 그녀의 가족은 늘 어떻게 삶을 살 것인지를 중요하게 여겼기 때문에 노마에 따르면 "이 예수를 구세주로 받아들이는 것은 아주 극성스런 신자가 되는 것이었다."

그녀가 아프리카에서 지낸 선교사 부부를 만난 것도 이 무렵이었다. 그들의 사역과 신앙의 영향으로 노마는 둘이 아프리카로 돌아갈 때 선교사로 함께 가서 인내와 사랑이 필요한 사람들을 상대로 책임감 있고 중요하게 보이는 사역에 헌신하고 싶어 했다. 부부는 자신과 함께 갈 준비를 하기 전에 신학적 훈련이 필요하다는 것을 알려주었다.

훈련을 받을 목적으로 노마와 폴은 시카고의 무디성서학원을 찾아갔다. 노마는 학교를 끝마쳤지만 그곳이 불편했다.[4] 노마는 성서학원의 엄격함, 특히 화장과 유행하는 양말을 못 신게 하는 규칙을 지금까지도 기억하고 있다. 그곳에서 성서를 잘 가르쳐서 제대로 배웠다는 것을 인정하면서도 그녀는 60년이 흐른 뒤에 "엄격함은 결코 인간이 추구하기에는 결코 적절한 것처럼 보이지" 않는다고 평가했다.[5]

성서학원에서 노마는 폴과 함께 지내고 싶은 마음 때문에 아프리카 선교사의 꿈을 이룰 수 없다는 것을 깨달았다. 그녀는 히브리 문화와 성서

히브리어를 공부하기 시작했다. 이어서 기독교교육으로 옮겨갔다. 성서학원에 들어가기 전에 그녀는 캔자스시티의 센트로폴리스침례교회에서 가르쳤고 시카고에서는 어느 복음주의 루터교회에서 가르쳤다.

노마는 성시학원에서 뛰어난 학생이라서 여학생들의 대표자가 되었지만 교수들이 요구하는 신앙고백에는 서명할 생각이 없었다. 그녀는 여성들의 선거로 뽑혀서 거부할 경우에는 졸업장을 받지 못할 수도 있었다. 폴 역시 서명을 거절하는 바람에 졸업을 하지 못했다. 둘은 목회자가 될 수 있고 대학을 다닐 수 있는 신학교를 물색하기 시작했다.

그들이 선택한 곳은 보편구원을 주장하는 뉴욕주 캔턴의 세인트로렌스대학이었다. 노마가 가장 일찍 했던 중요한 경험 가운데 하나는 대학생활이 아니라 나중에 함께 일할 여러 사람들을 통해 경험한 사회의 현실이었다. 도착했을 때 가진 돈이 없었다. 실제로 그녀는 버스를 기다리면서 뉴욕의 버스터미널에서 밤을 지샜다. 그녀는 신학교 학장 존 앳우드(John Atwood)의 비서 업무를 맡게 되었다. 자신을 필요로 하고 도움을 요청받는 게 너무 기뻐서 첫 임금을 받기 전까지 아무 것도 먹지 않았고, 사흘이 지난 뒤에야 음식에 손을 대기 시작했다.[6] 그때까지 노마는 진짜 배고픔이 무엇인지 알지 못했다.

자유로운 세인트로렌스대학은 무디성서학원과 공기가 달랐다. 가르치는 수준은 비슷했으나 진화론과 과학에 대한 교수진의 개방적 태도는 둘을 흥분시켰다. 앳우드 박사는 노마가 신학과 강의방식을 발전시키는데 상당한 영향력을 끼쳤다. 그녀는 업무를 처리하면서 동시에 강의에도 참석했다. 노마는 그의 친절함, 자상함, 그리고 학업의 지도가 자신에게 아주 소중했다고 인정한다. 비록 재정적인 어려움 때문에 폴과 노마는 1년 뒤에 떠나야 했지만, 노마는 이 기간이 기독교교육자가 되는 결정적인 순간으로 간주한다.

세인트로렌스 시절 폴과 노마는 센트로폴리스에 돌아와서 그곳에 있는 침례교회에서 결혼했다. 노마에 따르면 저녁예배에 참석한 6백 명 정도의 교인이 함께 해서 결혼식 규모가 컸다고 한다. 결혼식은 실제로 가족의 문제라서 신혼여행까지 가족과 함께 했다.[7]

폴은 여전히 목사가 되고 싶어 했는데 텍사스주 와코의 베일러대학이 목회자 지원자들에게 학비를 면제해주어서 부부는 다시 이사했다.[8] 노마는 한 해 동안 베일러에서 강의를 들었고(폴은 베일러의 근본주의를 내켜하지 않았다), 폴은 그녀가 일하는 곳(Missouri Kansas and Texas Railroad)에서 일자리를 구했다. 여전히 목회를 생각하던 폴과 노마는 뉴욕으로 갔고, 폴은 유니언신학대학원에 입학할 수 있었다. 노마는 헌터대학에 입학해서 1946년 6월 심리학과 철학학위(A.B.)를 취득했다. 성적이 좋아서 파이 베타 카파 클럽에 선발되었다. 부부는 유니언의 기숙사에 지냈다.

헌터 시절에 노마는 대뉴욕지구교회연맹(the Greater New York Federation of Churches)에서 휴가학교와 주말교회학교를 지도하는 일을 맡게 되었다. 그녀는 1944년부터 1947년까지 이 업무를 담당하면서 교사들을 훈련하고 교육이나 프로그램의 진행을 평가하려고 직접 학급에 참석했다. 노마는 그 일을 좋아했다고 한다. 그녀는 교사들이 학생들에게 교육내용을 전하기 위해서는 놀이나 다른 기법을 어떻게 사용해야 하는지에 관해서 강력한 신념을 지니고 있었다. 그녀는 무디와 세인트로렌스에서 기독교교육을 몇 과목 수강해서 이곳에서는 자신의 생각과 훈련을 실천에 옮겼다.

노마는 휴가학교 사역을 통해서 최초로 흑인들이나 동유럽 출신들을 상대했다. 그녀는 교회 안에서 활발한 다양한 문화의 사람들이나 문화를 접함으로써 종교교육에 대한 다원주의적 접근을 시도하게 되었고, 나중에는 저술에도 반영되었다.

1944년부터 1945년까지 노마는 5번가장로교회의 어린이 사역 담당 및 청소년 사역 부담당자로도 사역했다. 이것은 부유하고 특권을 가진 어린이들을 처음 접한 경험이었고, 덕분에 모든 사람들이 비슷한 필요와 욕구를 지녔다는 것을 이해하게 되었다. 유치원 아이들을 가르치면서 모든 연령의 어린이들을 대상으로 하는 사역을 지도했다. 그녀는 연령과 무관하게 사역하기를 즐기면서도 특히 교사들과 함께 일하는 것을 좋아한다는 생각을 하게 되었다.

노마의 종교교육철학에 가장 큰 영향을 미친 인물 가운데 한 사람인 소피아 파즈(Sophia Lyon Fahs)의 업적을 여기서 접했다. 그녀는 비컨 프레스에서 교과서로 발간한 파즈의 저서와 종교교육 사상을 "내 영혼의 신선한 공기의 물결"이라고 표현하기도 했다.[9] 파즈의 사상은 노마가 종교교육을 보다 자유주의적인 관점으로 접근하는데 도움을 주었다. 종교교육에 대한 파즈의 이론들은 대부분 헨리 위먼(Henry Weiman)에게 영향을 받은 노마의 신학적 견해와 일치했다. 하나님은 인간의 자유와 도덕성으로 경험되는 우주의 일부라는 위먼의 종교적 자연주의는 노마에게 설득력이 있었다. 그녀는 하나님에 대한 개념을 "우주 안에 있는 창조적 힘이면서 사랑의 기원"으로 설명한다.[10]

노마는 자신이 시작한 사역을 위한 종교교육이론을 더 많이 확보하려고 유니언신학대학원에 입학해서 해리슨 엘리엇(Harrison Elliot)과 프랭크 해리엇(Frank Herriott), 폴 틸리히(Paul Tillich)와 라인홀드 니버(Reinhold Niebuhr)의 지도를 받았다.[11] 기숙사의 규칙에 따르면 재학 중인 결혼한 남성은 아내와 함께 살 수 있지만, 여학생은 용납되지 않았다. 따라서 노만과 폴은 어쩔 수 없이 기숙사를 떠나야 했다. 이후로 몇 년 동안 그녀는 몇 과목을 수강했지만, 기숙사를 떠난 탓에 경제적인 문제로 학업에 전념하지 못했다.

학계의 입문: 일과 학문 경험의 혼합

1947년 노마는 뉴욕의 개신교협의회 브롱스 지부 사무총장직을 제안받았다. 이 업무는 아주 폭넓은 문화, 민족, 그리고 인종과 일할 수 있는 능력을 기르는데 도움이 되었다. 그녀는 할렘의 보다 더 가난한 교회와 백인 사회의 부유한 교회와 함께 사역했기 때문이다. 사무총장을 지내는 동안 몇 개의 대규모 에큐메니칼 모임을 조직하고 서로 다른 교단과 민족의 모임을 결성했다.[12] 이 활동 덕분에 그녀의 행정 실력은 발전했다.

그녀는 이 시기에 칼 바르트와 에밀 브룬너의 일부 신정통주의 작품들의 도전을 감지하고[13] 컬럼비아 사범대학원에서 교육학을 계속 공부해서 1955년에 석사학위(M.A.)를 취득했다. 얼마 뒤에 노마는 뉴욕대학의 캠벨 위콥(D. Campbell Wyckoff)과 리 벨퍼드(Lee Belford)의 지도로 박사학위 과정을 시작했다. 그녀는 위콥이 뉴욕대학(NYU)에서 시간강사를 맡겨주었다고 회상한다. 위콥은 그녀가 성공회교구에서 사역할 때와 NYU에서 공부를 시작할 때 동료이면서 친구, 그리고 스승으로서 상당한 도움을 주었다. 위콥이 뉴욕대학에서 프린스턴으로 자리를 옮기자 노마는 그의 제안으로 뉴욕대학의 교수가 되었다. 그는 종교교육과 과학시대의 인문주의 간의 관계에 대한 교육을 통해 그녀에게 계속해서 영향을 미쳤다.

교수 경력

1954년 노마는 강사 자격으로 뉴욕대학의 종교교육 교수진에 합류했다. 그녀는 리 벨퍼드와 샘 헤밀턴과 함께 가르쳤고 교수들 가운데 여성으로는 최초의 전임이었다.

1961년에 박사학위를 받은 노마는 조교수가 되었고, 1972년에는 교수가 되었다. 그녀는 29년간 뉴욕대학에서 가르치고 활동했다. 그 기간에 대학의 우선순위가 변화하면서 뉴욕대학의 학부 과정이 대학원 과정으로 바뀌었다. 이 변화는 학생들의 숫자가 줄어드는 것을 의미했으나 노마는 누구든지 공부하려고 하면 가르치고 함께 활동했다. 그녀가 담당한 과목은 다음과 같았다. "종교교육의 원리," "종교교육의 이론과 실제," "커리큘럼," "순수예술과 종교교육," "세계 종교," "심리학," 그리고 "종교사회학." 강의시수는 한 학기에 6과목이었다. 강의 이외에도 노마는 종교교육 펠로우십(Religious Education Fellowship)의 교수 고문이었다.[14]

과중한 업무와 논문지도를 받는 10여 명의 학생을 돌보고 있었음에도 불구하고 노마는 활기를 잃지 않았다. 그녀는 강의실과 현장에서 상황마다 이점을 살려서 다양한 교수법을 활용했다. 다른 사람들이 야훼라고 부르는 어느 나이든 복음주의 학생은 주말마다 타임스퀘어에서 "진리"를 전했다. 그는 이따금씩 노마의 "종교사회학" 강의를 말없이 들었지만 어느 때는 "진리"에 관한 설교를 쏟아내기도 했다. 노마는 학생의 행동을 제지하지 않았고 그가 수강하는 자신의 또 다른 과목에서 책만 읽지 말고 그 이론이 영향을 미치는 사람들을 만나보도록 다른 학생들에게 요구했던 것을 떠올렸다. 야훼는 종교교육이 어떻게 요구에 부응할 수 있는지 확인하려고 모든 학생들을 자신의 롤스로이스에 태우고 이민 노동자들을 만나러 갔다. 그 학생의 열심, 강의실을 가득 채운 다양한 신념들, 그리고 이민자 캠프를 롤스로이스를 타고 방문하는 역설적 모습은 오랫동안 지워지지 않았다.[15]

1974년 9월 노마는 뉴욕대학 종교교육 과정의 책임자가 되었다. 그녀는 박사과정을 발전시켜서 다양한 종교적 배경과 다양한 문화 및 민족적 배경을 가진 학생들이 자신과 상대방으로부터 함께 배울 수 있도록 학교를 운영했다. 그녀는 수많은 학생들을 가르치고, 조언하고, 그리고 상담했다.

리 벨퍼드가 은퇴하자 개브리얼 모런(Gabriel Moran)이 노마와 함께 가르쳤다. 그는 노마를 누구보다 인내하고 헌신하는 교사 가운데 한 사람으로 소개하면서 언어와 문화의 장벽 때문에 논문을 작성하는데 심각한 어려움을 겪는 학생들을 돌본 것을 높이 평가했다. 업무 이외에 학생들을 돕는 일을 불편해 하거나 짜증내는 일이 없었다. 그녀 덕분에 학과에 활기가 넘쳐서 외국 학생들에게 인기가 좋았지만, 대학으로부터 지원이 많지 않아서 여러 번 좌절을 겪었다. 모런은 그녀 덕분에 연구와 집필과 강의 시간을 확보했고, 그리고 몹시 소모적일 수 있는 여러 가지 행정 업무를 벗어나서 시간을 가질 수 있었다고 소개했다.[16]

NYU에 있는 동안 노마는 1970년대 말 올해의 교수상을 수상했다. 학생들에게 헌신적이고 수업을 혁신적으로 진행하는 것을 인정해서 교육, 보건, 간호 그리고 예술전문 대학원 학생들과 교수진이 수여하는 상이었다. 1983년 은퇴하고 명예교수가 되었다. 교수직에서 은퇴한 이후에도 한동안 그녀는 논문을 지도받는 학생들 모두 과정을 마칠 때까지 계속해서 지도했다.

노마의 교육활동에는 외국 여행이 포함되어 있어서 여러 대학에서 강의를 했다. 외국 제자들이 자기 나라에서 강의를 요청해서 일본이나 대만, 홍콩과 태국, 인도와 레바논으로 여러 차례 여행을 했다.[17]

대표적 공헌

종교교육에 대한 노마의 공헌 가운데 하나는 에큐메니즘, 즉 모든 그리스도인들과 나중에는 신앙을 가진 모든 사람들과 더불어서 활동할 수 있는 능력이었다. 그녀는 종교간 대화를 자주 가르치고 집필했다. 후기 활동은 대화를 넘어서서 종교다원주의를 이 세상의 긍정적인 능력으로 수용하도록 격려하는 쪽으로 나갔다. 그녀는 이 충동을 "모두를 사랑하라"는 부모 탓으로 돌리면서도 다양한 집단들과의 접촉이 오랫동안 차단되었다는 것을 인정한다. 그녀는 성인이 되어서야 유대인이나 흑인을 알게 되었다. 자발적으로 모두와 대화하고 그들을 가르치면서 배움으로써 뉴욕대학의 다양한 종교교육 재학생들과 자신이 참여하는 조직들 사이에서 진정한 대화가 가능해졌다. 노마는 종교교육협회(Religious Education Association)가 유대인들에게 보다 더 개방적이 되도록 격려했고, 1976년부터 1977년까지 종교교육교수연구자협회(Association of Professors and Researchers in Religious Education) 회장을 지내면서 종교다원주의의 의식을 보다 광범위한 종교교육 공동체에 불어넣었다.

기독교와 유대교 관계의 분야에 대한 노마의 업적에는 성공회 뉴욕교구의 유대 − 기독교관계위원회 위원 역할이 포함되었다. 그녀는 뉴욕에 있는 제너럴(General)신학대학원의 유대 − 기독교연구와 관계 센터의 이사와[18] 그리스도인과 유대인 전국협의회의 무슬림, 유대인 및 기독교인 관계위원회 회원으로 역시 활동했다.

종교다원주의에 대한 노마의 활동은 대학과 종교교육학자들의 모임을 넘어서서 미군까지 망라했다. 노마는 군목 연례회의를 위한 강연에서 종교다원주의는 "우리〔그리스도인과 유대인〕가 선택한 상황"이 아니라 "발생하고 있는 무엇"이라고 지적했다.[19] 노마의 다른 활동과 마찬가지로 이 강연이 부분적으로 힘을 발휘한 것은 자신이 타자와 진정으로 접촉할 때 어떻게 스스로 변하지 않을 수 없었는지 설명하는 순간이었다. 다른 종교들(즉, 유대교)을 오늘날 살아있는 종교로 수용하는 새로운 능력에 비추어서 기독론을 검토하는 것과 마찬가지로 다른 것들도 마찬가지라고 그녀는 주장한다.

저서들

노마의 글쓰기는 공동체 종교교육의 전체적인 기획, 신학의 역할 명료화, 그리고 종교적 관용과 순수한 대화의 실질적인 필요에 초점을 맞췄다. 그녀의 첫 논문 "당신이 발견한 기독교교육"(Christian Education Where You Find It)이 출판된 것은 1964년이었다.[20] 거기서 시도하는 종교교육과 교수(teaching)에 대한 전인적 접근은 교수과정에 모두 참여하는 것만큼 안내자, 성가대, 그리고 관리인을 거론하는 순간에 빛을 발한다. 그녀는 교실은 물론 교회 출입문과 주방에서 이어지는 교수의 사례를 활용한다. 그녀의 핵심은 다음과 같다. 즉, (1) 지도자나 교사의 언어와 행위는 일치해야 하고, (2) 전체 교회와 구성원은 교육이라는 기획의 일부이고, (3) 기독교교육의 개념은 교육제도의 공식 및 비공식 측면을 모두 포함하도록 확대되어야 한다. 이 주제는 얼마 전 뉴올리언스에서 1996년에 개최된 APRRE와 REA의 연합학술대회에서 다시 등장했는데, 노마는 시대를 상당히 앞서 갔다.

종교교육에 대한 신학의 영향을 모색하기 위해서 노마는 「종교교육과 신학」(Religious Education and Theology)을 편집했다.[21] 그녀는 첫 번째로 실린 논문에서 종교교육에서의 신학이 차지한 역할의 역사와 발전을 정리하면서 책에 포함된 가장 대표적인 네 가지 주제들을 찾아냈다. (1) 신학과 종교교육의 교육내용, 방법론, 커리큘럼, 그리고 행정 간의 관계, (2) 그 두 가지 영역 간의 소통과 언어의 문제, (3) 신학에 대한 교육과정 자체의 영향, 그리고 (4) 종교다원주의의 드러나는 실체와 종교교육과 신학에 대한 영향.

노마가 집필한 서론이 발휘하는 능력은 다양한 종교 전통이 구사하는 여러 가지 용어를 포괄하기 위해서 종교교육이라는 용어를 긍정하는 것에서 비롯된다. 그녀는 "신앙에 영향을 미치는 종교교육의 공통적 특징"을 여전히 거론하면서도 낱말들에 대한 독자들의 정서적 애착을 인정한다.[22]

종교교육의 공통적 특징이라는 주제를 고수하는 노마는 1982년 "유대교와 기독교의 계약관"(The Covenant Concept in Judaism and Christianity)을 집필했다.[23] 여기서 노마는 예수와의 계약을 통해서 초기 아브라함의 계약에 대한 역사와 저작을 추적하면서 "하나의 진정한"

계약인지 아니면 여럿인지에 대한 문제를 검토함으로써 학자로서의 역량을 입증했다. 노마는 계약이 노아의 시대로부터 아브라함, 이삭, 야곱을 거쳐서 예레미야와 예수까지 하나님에 의해서 거듭 갱신되었다고 확신했다. 이 계약의 갱신에 대한 믿음, 홀로코스트 이후 이스라엘의 탄생을 새로운 갱신과 비슷하다는 일부 유대인들의 감정, 그리고 모든 사람들과 시나이 하나님의 연계는 기독교 – 유대교의 대화에 대한 연구에 집중하도록 그녀에게 확신을 안겨주었다.

반유대주의나 편견과의 싸움은 노마가 랍비 브루스 콜(Bruce Cole)과 함께 1982년 편집한 「유대 – 기독교적 관계의 미래」(The Future of Jewish – Christian Relations)의 핵심인데,[24] NYU의 동료 리 벨퍼드의 업적을 기리기 위해서 출판한 책이었다. 노마는 서론에서 교회가 반유대주의를 비난할 수 있으면서도 예배와 성서연구에서 본문을 읽을 때 잘못 해석하지 않도록 안내자를 붙여주지 않아서 반유대주의를 조장하거나 강화하게 되는 역설을 지적했다. 노마는 이런 문제에 관해서 회당과 교회의 의식이 고양되고 자비와 정의라는 공통의 예언자적 목표를 회상함으로써 유대인과 기독교인의 관계를 긍정적인 방향으로 움직이게 할 수 있다는 낙관론과 믿음을 제기했다.

이 세계에서 우리가 함께 활동하는 방향으로 나가게 만드는 학문에 대한 동일한 수준의 배려와 관심은 「종교다원주의와 종교교육」(Religious Pluralism and Religious Education)에서도 확인할 수 있다.[25] 노마는 거기서 "미래의 방향"이라는 제목으로 한 장을 집필했다. 아주 간단한 진술에서 그녀는 이렇게 지적했다.

우리는 어쩌다가 다른 종교집단의 의미, 가치 그리고 사상을 깨닫고 이해하면 상당한 기쁨을 느낀다. 우리는 평안을 느끼고, 긴장은 사라진다. 물론 우리의 이해는 단편적이고, 그리고 내일 우리는 조금도 이해하지 못했다고 생각할 수도 있다. 하지만 경계를 건넜고, 그러니 우리는 또다시 동일한 것을 반복하지 못한다.[26]

대화, 그리고 세계종교에 대한 과목들을 개발하는 대화를 넘어서도록 그녀가 강조하는 것은 종교다원주의가 제기하는 수많은 문제에 여기서 독창적 삶이라는 방식으로 접근하는 것과 맞물려 있다. 노마는 학생들과 독자들에게 우리 자신의 진리에 대한 믿음의 사람에서 믿음을 가진 다른 사람들과 소통하는 믿음의 사람들로 영원히 변화되는 기쁨의 순간을 창조하는 것에 자신이 헌신하고 관심을 갖고 있다고 소개한다.

값진 삶, 여전히 성장하는 믿음

노마는 부단히 멘쉬가 되고 있다. 그녀는 은퇴를 전혀 기대하거나 꿈꾸지 않았고(그녀는 성탄 편지에서 이렇게 물었다. "현관의 흔들의자는 어디에 있는가?"), 덕분에 그녀는 여전히 몹시 아름답게 빛나는 적극적인 마음과 생각을 유지한다. 80세 이상을 그녀는 나이에 맞는 지혜와 제대로 산 인생에게나 가능한 특별한 매력을 한꺼번에 지니고 있다.[27] 이 글을 그녀가 좋아하는 성서를 인용하는 것으로 마무리하는 게 적당할 것 같다.

"내가 이미 얻었다 함도 아니요 온전히 이루었다 함도 아니라 오직 내가
그리스도 예수께 잡힌 바 된 그것을 잡으려고 달려가노라"(빌 3:12)

6장 주(註)

1. 노마 톰슨은 1980년대 후반에 동부해안 종교교육 교수들의 모임에서 강연을 담당했다. 그녀는 이런 말을 남겼다. "나는 물에 잠기는 순간에 하늘이 열리고 하나님의 음성을 들을 수 있기를 어느 정도 기대했다. 예수의 세례를 잘 알고 있었기 때문이다." 그녀가 모아둔 기록에서 확인.

2. 노마와 저자의 인터뷰, 1996년 9월 19일(Great Barrington, Massachusetts).

3. 노마가 동부해안 종교교육 교수 모임(Professors Religious Education on the Eastern Seaboard)에 제출한 논문.

4. 노마는 폴이 저녁에 일하고 낮에 학교에 출석했고, 자신은 낮에 일하고 밤에 학교를 다녔다고 회상한다. 무디에서는 첫 학기에 데이트를 허락하지 않아서 둘은 캠퍼스 우체국에서 만나서 대화를 나누거나 교회에 함께 참석하고는 했다. 데이트가 아니었지만 그녀와 폴은 첫 학기에 약혼을 하게 되었다.

5. 노마와 저자의 인터뷰, 1996년 8월 19일(Great Barrington, Massachusetts).

6. 노마는 돌이켜보면 앳우드 부부가 아주 관대해서 돈으로 도왔다는 것을 알고 있다. 앳우드 부부는 두 사람에게 멀리 떨어진 부모처럼

대해주었는데, 노마의 결혼식을 위해서 그 가족은 웨딩드레스 재료를 구입해서 앳우드의 딸이 직접 만들었다. 톰슨의 인터뷰, August 19, 1996.

7. 노마의 여동생이 신부들러리가 되었다. 폴과 노마는 반지를 살 돈이 없어서 어머니의 것을 빌렸다. 크리스마스를 폴의 가족들과 지내고서 12월 28일에 결혼식을 올린 뒤에 폴의 어린 여동생과 남동생을 데리고 친정으로 갔다. 그곳에서 두 명의 어린이들을 추가해서 다섯 명이 함께 신혼여행을 떠났다. 톰슨의 인터뷰, August 19, 1996.

8. 폴의 신학적 관점은 이미 과학에 대한 사랑과 관심의 영향을 받았다. 베일러에서 폴은 신학과 성서를 공부하기 시작했지만 계속할 수 없다는 것을 깨달았다. 그는 물리학으로 전공을 변경해서 학위를 취득하고 역시 학생 조교의 업무를 맡았다.

9. 노마의 동부해안 종교교육 교수 모임(Professors Religious Education on the Eastern Seaboard)에서의 강연.

10. 전화를 통한 노마와 저자의 인터뷰, 1996년 12월 9일.

11. 이 시기에 폴은 컬럼비아대학에서 가르치면서 수학과 과학 과목 몇 개를 더 수강했다.

12. 엘리너 루스벨트(Eleanor Roosevelt)는 한 모임에서 RSV역(Revised Standard Version) 성서 한 권을 증정 받았다. 노마 역시 그 모임에서 받아서 이것을 특별히 기억했다.

13. 노마는 종교교육의 이런 발전을 거론했고 랜돌프 밀러(Randolph Crump Miller)가 출판한 책으로부터 자극을 받아서 「종교교육과 신학」(Religious Education and Theology)을 편집하게 되었다고 한다. Thompson, 동부해안 종교교육 교수 모임(Professors

Religious Education on the Eastern Seaboard) 강연.

14. 종교교육펠로우십(Religious Education Fellowship)은 한 해에 서너 차례 만나서 종교교육의 새로운 개념과 방법을 강조하는 프로그램과 출판하는 법을 제안하는 동문과 재학생의 모임이었다. 그들은 여러 다른 휴일을 함께 지내기도 했다.

15. 1996년 12월 9일 톰슨의 인터뷰.

16. 모런(Gabriel Moran)의 저자와의 인터뷰, 1996년 12월 1일 (Montauk, New York).

17. 그녀는 한국의 3개 대학에서도 역시 가르쳤다. 노마에게 이것은 극동으로의 귀환이었다. 1965년에는 세계기독교교육협의회(World Council of Christian Education)의 후원으로 태국을 방문했다. 동료와 제자들이 전 세계에 있었다.

18. 노마는 이 분야의 활동 때문에 뉴욕신학대학원에서 명예신학박사 학위를 받았다.

19. 노마 톰슨이 1983년 은퇴한 이후 미군 군목 연례회의에서 담당했던 연설의 초안, Norma Thompson's files.

20. Norma Thompson, "Christian Education Where You Find It," *International Journal of Religious Education* 41, 3 (November 1964): 6-8+.

21. Norma Thompson, ed., *Religious Education and Theology* (Birmingham, Ala.: Religious Eduction Press, 1989).

22. Ibid., 15.

23. Norma Thompson, "The Covenant Concept in Judaism and Christianity," *Anglican Theological Review* (1982): vol. XLIV,

no. 4, 502-24.

24. Norma Thompson and Bruce Cole, *The Future of Jewish-Christian Relations* (Schenectady, NY: Character Research Press, 1982).

25. Norma Thompson, *Religious Pluralism and Religious Education* (Birmingham, Ala.: Religious Education Press, 1988).

26. Ibid., 301-2.

27. 노마는 은퇴 후에도 왕성하게 활동했다. 마침내 폴과 매사추세츠의 그레이트 배링턴 (Great Barrington)의 아름다운 고택에서 줄곧 함께 살고 있다. 노마는 주로 뉴욕에 있었지만, 폴은 조지아에서 교수 생활을 하느라 처음부터 주말부부였다. 둘은 각자 직업에 충실하다가 주말에야 만났고, 그리고 나중에는 그레이트 배링턴에서 함께 지내고 있다. 결혼하면 당연히 자녀를 갖던 시절에도 아이가 없었고 (둘은 대부분의 학생들을 자녀처럼 보살피기는 했지만) 김영을 입양해서 오랫동안 돌보기도 했다. 그녀와는 최근까지도 계속 친밀한 관계를 지속한다. 노마와 폴은 은퇴하기 전까지 업무와 연구, 그리고 교수를 하느라 아주 분주했고 다른 사람들은 가사를 내려놓을 때 노마는 "요리, 청소, 마당작업과 다른 허드렛일"에 전념하고 있다. 노마와 폴의 집은 활력, 학문, 그리고 온기로 넘쳐난다. 그곳에는 아름답게 조각된 나무가구, 서적, 악기. 레코드, 테이프와 CD, 시계, 망원경과 세계를 여행하면서 수집한 공예품이 있다. 둘은 세계 곳곳에서 찾아오는 방문객들과 후원하는 시민활동에 가정을 개방한다. 폴은 오랫동안 그랬던 것처럼 테니스를 치고 노마는 지역교회의 타종

교위원회와 역사모임(Great Barrington Historical Society)에서 활발하게 활동하면서 소수민족을 이사회에 포함시키려고 노력해왔다.

7장

새라 리틀 :
소명을 따르는 교육자

로라 루이스(Laura Brooking Lewis)

"내 형제들아 너희는 선생 된 우리가 더 큰 심판을 받을 줄 알고 선생이 많이 되지 말라"[1] 누가 야고보서에 기록된 이 두려운 문장을 가지고서 교육에 관한 책을 시작할 수 있을까? 새라 리틀처럼 교수사역(ministry of teaching)을 존중하고 사랑하는 사람만 가능하다.

새라 리틀이 「기독교교육 교수방법론」(To Set One's Heart: Belief and Teaching in the Church)의 서두에서 인용한 도전적인 성서구절은 나로 하여금 언제든지 정신을 가다듬게 하고 또 웃음 짓게 만든다. 새라처럼 교육을 담당한 이들에게 이 구절을 출발점으로 제시해서 필수적인 성실함을 강조하고, 그렇게 해서 교수를 고려하도록 경고하는 동시에 권유하는 초대로 어찌 바꿀 수 있을까. 상당한 책임감이 뒤따른다는 것을 잘 아는 새라는 자신의 삶을 이 소명에 바칠 정도로 교수사역을 진지하게 받아들였고, 또 직접 교수를 통해서 교육의 소명을 감당하도록 다수의 사람들을 지원하고 격려했다.

나는 적절한 순간에 새라 리틀을 강의실에서 처음 만났다. 나는 기독교교육자와 교사로 부름을 받았다는 믿음 때문에 장로교기독교교육대학원에 들어갔으나 야고보서 구절에는 흥미가 없었다. 새라는 아주 많은 사람에게 그랬듯이 소명을 발견하고 준비하도록 도움을 주었다. 나중에 신학대학원에 진학하면서 친구이면서 동료였던 새라는 여성 신학교육계의 모델이자 모범이었고, 또 그녀가 여전히 가르치는 것에 대해서도 나는 감사한다.

나는 새라 리틀을 기독교교육자로서 역사 및 사회적 맥락에 배치하기 위해서 그녀가 20세기 미국 개신교 종교교육의 세 가지 주요 변화를 서술하려고 개발한 일종의 도식을 활용한다.[2] 기독교교육자로서의 지속적인 "발전"이 금세기에도 계속되고 있기 때문에 나는 그녀의 생애와 학문에서의 중대한 순간을 종교교육의 더 큰 맥락과 관계된 사건들과 연계한다. 이것을 위해서는 종교교육계에 대한 새라의 공헌 가운데 일부를 논의할 뿐 아니라 서론에서 확인한 바 있는 새로운 페미니스적 접근의 공통적 요소를 새라의 업적이 처리하는 방식을 성찰할 필요가 있다.

기독교교육자의 성장 배경

세기가 바뀌면서 종교교육의 첫째 변화가 시작되었는데, 새라는 그것을 "종교교육의 탄생"이라고 부른다. 1903년 종교교육협회의 창립과 함께 종교교육은 진보주의 교육운동과 밀접하게 결합되었다. "일반적으로 교육에 대해서 기대하는 것만큼 교회교육의 업무를 전문적으로 수행하려는" 종교교육자들과 교회들의 의지가 두드러진 이 변화는 1940년대까지 계속되었다.[3] 진보주의 교육과 자유주의신학의 영향은 교육적 경험에 대한 관심의 증가와 맞물려서 당시 교단 지도자들과 종교교육 전공 교수들의 움직임에서 확인할 수 있었는데, 종교교육의 사회적 의미를 강조한 조지 코우(George Coe)가 특히 그랬다. 게다가 이 시기에는 교단의 출판활동, 커리큘럼, 청소년 사역, 리더십 교육이 확대되었고, 그리고 교단의 구조 밖에서 출발한 주일학교가 한층 더 체계적인 교단 종교교육의 일부가 되었다.

한편, 청년 새라 리틀은 1930년대 후반 노스캐롤라이나주 샬럿에서 이런 종교교육의 변화를 "남부" 식으로 경험하고 있었다. 가정과 교회는 일찍부터 새라의 삶에 강력한 영향을 발휘했다. 주일학교, 교리문답, 성서공부, 그리고 사고와 질문을 권하던 가정과 교회의 환경은 새라의 기독교적 양육과 교육의 중요한 부분을 구성했다. 그녀는 자신이 속한 작은 장로교회의 청소년 모임에 아주 적극적이었다. 게다가 노회와 대회 청소년지도자였고 교단에 소속되지 않은 청소년 모임인 기독면려회(Christian Endeavor)에도 참여했다. 그녀는 이렇게 회상한다. "종교교육을 받는 것에서 종교교육자가 되는 것으로 이동한 게 언제인지는 정말 기억나지 않는다."[4]

새라는 이런 기독교 모임을 겪으면서 교회의 성격에 대한 이해를 넓혔을 뿐만 아니라 젊은이들이 읽고 토론하는 교단의 커리큘럼과 출판된 프로그램들을 통해서 윤리적이고 사회적인 문제를 접할 수 있었다. "그것은 종교교육에 입문하는 것과 더불어서 전체적인 관점을 형성한 아주 중요한 부분이었다. 당시에 사용하던 자료(Program Builder)와 닐 머튼(Nelle Morton)이 편집한 장로교 청소년 모임의 주보가 생각난다. 격주로 주일 밤 프로그램에 참여했던 것 같고, 인종 관계를 놓고 연설한 게 기억난다. … 그것을 내가 언급했기 때문에 나는 믿었다."[5]

교회 활동은 새라가 청년기를 보내는데 중요한 요인으로 작용했다. 그녀는 노스캐롤라이나주 샬럿의 퀸스칼리지에서 영어와 수학의 학사학위를 취득한 이후 공립고등학교에서 영어와 고등수학을 가르쳤다. 동시에 청소년을 지도하면서 여름교회캠프와 집회에서 사역했다.

3년간의 교직을 끝낸 새라는 1942년 버지니아주 리치먼드의 총회평신도사역자훈련학교(General Assembly Training School for Lay Workers, 1959년에 장로교기독교교육대학원으로 이름이 변경된)에서 대학원 과정을 시작했다. 1944년에 종교교육 석사과정을 마쳤다. 논문은 "청소년의 사회활동을 위한 프로젝트와 원리"였고 닐 머튼의 지도를 받았다. 새라는 "그녀는 처음으로 글을 쓰도록 안내해준 인물이었는데, 먼저는 청소년과 사회활동에 대한 안내서였고 나중에는 커리큘럼 자료를 집필해서 다른 일까지 하게 되었다. 말할 필요도 없이, 그녀는 청소년사역은 물론이고 다른 분야까지 강력한 영향을 미쳤다."[6]

새라는 졸업하고 나서 노스캐롤라이나주 총회의 지역책임자를 지원할 목적으로 고향으로 돌아가서 6년간 그 일을 맡았다. 업무는 교회가 없는 지역사회에 새로운 주일학교를 설립하고 캠퍼스와 대회의 청소년사역을 조율하면서 지도자 발굴 프로그램을 기획하는 것이었다. 대학생을 위한 최초의 다인종 대회집회와 노스캐롤라이나에서 처음으로 개최된 다인종 봉사캠프의 조직을 도왔다. 그녀는 이 시기를 "종교교육을 놓고 보면 평생 어느 때보다 즐거웠다"고 회상한다. "… 밤마다 나는 처리하고 싶은 여러 가지 것들을 가지고 집으로 가곤 했다."[7]

그녀는 이 시기에 역시 "게걸스럽게" 책을 읽었다. 특히 조지 코우(George Coe), 해리슨 엘리엇(Harrison Elliot), 폴 비스(Paul Vieth), 그리고 대학원에서 접하지 못했지만 직접 찾아낸 저자들의 책이었다. "나는 항상 '왜'라는 질문을 던지곤 했고 늘 교육이나 지도자를 훈련하는 일에 적극적이었다. … 성서와 신학 그리고 우리가 담당한 일 사이를 오

갔지만, 40년대의 활동에 초점이 맞춰져 있었다."[8]

그렇지만 1940년대에 종교교육은 변화하고 있었다. 종교교육의 두 번째 변화의 조짐이 희미하게 드러나고 있었다. 진보 사상은 칼 바르트와 신정통주의의 영향을 받은 교육학자들이 주도한 성서와 신학적 기초를 새롭게 강조하는 것 때문에 밀려나고 있었다. 1947년에 폴 비스가 출판한 「교회와 기독교교육」(The Church and Christian Education)은 지속적인 변화를 상징했다. 개신교 종교교육은 기독교교육으로 전환하면서 교회적 상황과 더불어서 신학과 성서의 유산을 회복해나갔다. 랜돌프 밀러(Randolph Crump Miller)가 「기독교교육의 실마리」(Clue to Christian Education)에서 신학을 그 "실마리"로 내세운 1950년까지 새라가 "개혁으로의 부름"이라고 부르는 두 번째 변화가 진행되고 있었다.[9] 그 "개혁"은 과거에 주도적인 동반 학문이었던 사회과학과 함께 신학을 기독교교육의 주요 대화상대로 간주하도록 요구했다.

1950년 새라는 예일대학원 박사과정에 입학했는데, 이미 PSCE에서 기독교교육을 가르치기로 수락한 상태였다. "나는 '내가 그 일을 맡게 되면 어느 정도 공부를 계속하지 않으면 안 된다'고 의견을 밝히고 51년 가을에 돌아오기로 약속하고 예일에서 1년을 보냈다."[10] 예일대학원에서의 첫해는 "순수한 지적 흥분"의 시기였고 새라는 더 머물고 싶었으나 리치먼드로 돌아와서 교수직을 시작했다. 그녀는 가르치는 일과 학업을 오가는 시기를 또 다시 시작해서 1958년 예일대학원에서 박사학위를 받을 때까지 계속했다. 이 시기에 중요한 대화 상대는 H. 리처드 니버, 폴 비스, 그리고 랜돌프 밀러였다. 니버의 저서 「계시의 의미」(The Meaning of Revelation)는 상당한 영향을 미쳐서 그녀로 하여금 계시의 의미와 기독교교육에서의 성서의 역할을 박사논문의 주제로 정하게 되었다.

초반에 새라는 가르치느라 분주했다. 박사과정과 과거 기독교교육 분야에서의 활동이 그녀가 준비한 과목들의 구조와 내용에 영향을 미쳤다. 기본 과목의 이름을 "교회와 기독교교육"으로 변경하고서 스승 폴 비스처럼 교회론으로 시작했다. 교수법 과목은 교회교육과 캠프, 집회, 그리고 워크숍의 경험이 반영되었다. 또한 새라는 실험을 할 수 있는 충분한 자유를 누렸다. 그녀는 지역 기독교교육자들과 관계를 맺었는데, 가령 학생들이 회중을 관찰하고 소규모 집단에서 교육자들과 활동하는 "교육하는 교회" 프로그램을 만들었다.[11]

게다가 새라는 글을 쓰고, 교단 커리큘럼을 개발하고, 또 전문적인 학계 지도자로 활동했다. 성인 모임을 위해 집필한 교재(Learning Together in the Christian Fellowship)가 1956년에 출판되었고, 박사논문을 확대한 「현대 기독교교육과 성서의 역할」(The Role of the Bible in Contemporary Christian Education)이 1961년에 나왔다. 그리고 청소년사역과 선교를 위한 저서(Youth, World, and Church)가 1968년에 출판되었다. 새라는 '장로교 계약의 삶 커리큘럼 위원회'의 개발위원이었는데, 이 시기의 특징이었던 성서, 신학, 그리고 교회의 유산을 상당 부분 새롭게 강조했다. 이 커리큘럼 시리즈의 일부(The Language of the Christian Community)가 1965년 출판되었다.

이 시기에 새라는 버지니아주의 유니언신학대학원에서 겸임교수로 가르쳤고 『종교교육』(Religious Education)의 편집위원이면서 신학대학원협회교수동우회(Faculty Fellowship Commission of the Association of Theological Schools)에서 활동했다. 1966년에는 여성 최초로 미국기독교교회협의회(NCC)기독교교육분과교수회 회장으로 선출되었는데, 이 단체는 나중에 1970년에 종교교육학교수및연구자협회로 바뀌었다.

기독교교육은 1950년대에 안정감과 초점을 확보했음에도 불구하고 10년 뒤에 신학은 통합을 가져오는 "실마리"가 되지 못했다. 종교교육은 1970년대에 들어서면서 또다시 변화를 겪었다. 현장의 지도자들은 다양한 모형과 접근을 모색하기 시작했다. 예컨대, 엘리스 넬슨(C. Ellis Nelson)은 1967년 「신앙의 출발점」(Where Faith Begins)을 출판하면서 회중을 강조하는 종교교육의 사회화 모형을 도입했다. 이 변화의 시기에 존 웨스터호프(John Westerhoff)는 예전과 기독교교육 간의 관계를 검토했고, 제임스 파울러(James Fowler)는 신앙발달 이론에 초점을 맞추었다. 1982년에는 잭 시무어(Jack Seymour)와 도널드 밀러(Donald Miller)가 「오늘의 기독교교육 연구」(Contemporary Approaches to Christian Education)를 편집해서 다섯 가지의 주요 접근들, 즉 (1) 종교수업, (2) 신앙공동체의 사회화, (3) 인간 성장과 신앙발달의 단계 이론, (4) 해방과 변혁적 교육, 그리고 (5) 해석으로 종교교육의 흐름을 정리했다.

새라는 1975년경에 시작되어 현재까지 계속되는 이 세 번째 변화를 "유일한 실마리, 유일한 지배적 이론이 결여된 비판적 성찰"의 시기로 규정한다.[12] 종교교육자들은 아주 다양하게 종교교육에 접근하면서 부분적으로는 오늘날에도 광범위하게 퍼져있는 "종교, 문화, 관점의 다원주의를 다루는 법을 파악하기 위한 노력"을 반영했다.[13]

새라의 경우에 이 기간은 명예와 변화, 그리고 새로운 기회를 제공했다. 그녀는 1975년 미국가톨릭회의 교육분과에 의해서 탁월한 6인의 여성 종교교육자에 포함되었다. 개신교에서 영예를 누린 두 명의 교육자는 그녀와 아이리스 컬리(Iris Cully)였다. 또 다른 명예들이 뒤따랐다. 일부만 거론해보면, 장로교회교육자협회의 올해의 교육자(1979), 리치먼드 종교계의 올해의 여성(1981), 그리고 여성의 평등에 기여한 리더십에 대한 장로교 여성 모임의 감사장(1986)이 있었다.

변화는 계속되었다. 새라는 PSCE에서 버지니아주의 유니언신학대학원으로 자리를 옮겼다. 1973년부터 두 학교에 이중으로 임용되었다가 1977년에는 유니언에서만 가르치게 되었는데, 그곳에서 여성 최초로 전임교수가 되었다. 1980년에는 유니언신학대학원의 로버트와 루시 레이놀즈 크리츠 기념 기독교교육 교수가 되었다. 새라는 1989년 은퇴할 때까지 줄곧 PSCE의 겸임교수를 지냈다. 이 기간에 새라는 간단하지 않은 여러 가지 일들을 처리했다. 유니언신학대학원의 교역학 석사과정 커리큘럼 개편, 유니언의 박사과정 재학생들을 위한 필수적인 세미나 개발, 그리고 PSCE의 새로운 박사학위 프로그램 개발 등이 있었다. 이 모두가 새라의 통찰력과 노련함을 필요로 했다. 게다가 「기독교교육 교수방법론」의 출판으로 새라는 이 세 번째 변화의 시기에 발전 중인 종교교육의 다양한 접근에 신념 형성과 교육의 관계에 대한 나름의 연구와 성찰을 추가했다.

새라는 교사와 교육학자라는 경력 전반에 걸쳐서 회중과 신앙공동체의 기독교교육과도 깊은 관계를 맺어왔다. 교회에 대한 그녀의 관여와 봉사는 이론과 실천이 서로 한꺼번에 맞물려 있다. 새라는 미국 장로교회의 장로로서 지역적으로나 전체적으로 교회 지도자로 섬긴다. 예컨대 그녀는 전국적인 수준에서 로렌스 존스(Lawrence Jonse), 로버트 린(Robert Lynn), 그리고 엘리스 넬슨(Ellis Nelson)과 함께 자문위원 자격으로 1989년부터 1990년까지 11개 장로교 신학기관의 교육적 사명을 연구한 것은 목회를 준비하는 이들에게 제공된 신학교육의 성격을 교단이 검토하는데 도움을 제공한 중요한 공헌이었다. 하지만 워크숍과 세미나를 인도하고, 교회 집회에서 강연하고, 그리고 교회의 기관들을 상대로 자문하는 것 말고도 새라는 언제나 교회 안에서 능동적으로 활동했다. 주일학교 학급을 가르치고, 기독교교육위원회에서 봉사하고, 장기적인 기획그룹과 활동하고, 그리고 지역 교회에 속한 교사들과 기타 지도자들을 후원하는 게 거기에 해당한다.

은퇴 이후에도 활발하게 움직이는 새라는 늘 그렇듯이 가르치고, 집필 하고, 강의하고, 자문하는 일들을 계속하면서 새로운 시도를 감행한다. 서너 개의 신학대학원에서 방문교수를 지냈고, 2년간 캘리포니아주 버클 리의 퍼시픽종교대학원(Pacific School of Religion)의 임시 학장과 행정 부총장을 지냈다.

종교교육의 진로는 확실하지 않다. 새라가 종교교육에 기대하는 희망 가운데 일부는 분과학문으로서 역사로부터 배우고, 다양성을 존중하고, 학제적 협업과 종교간 대화를 높이 평가하고, 그리고 공동선에 대한 장기 적인 관심을 새롭게 갖는 것이다.[14]

종교교육에 대한 공헌

새라가 종교교육에 계속해서 기여하는 다양한 공헌 가운데 여기서는 간단히 다음 네 가지를 거론한다. (1) 교수학습과정과 효과적인 신념 형성 에 대한 관심, (2) 신학과의 지속적인 대화, (3) 청소년 사역의 지지, 그리 고 (4) 신학교육에 있어서의 리더십.

교수와 신념 형성

새라는 경력 전반에 걸쳐서 종교교육 가운데 교수학습과정의 성격에 초점을 맞추었다. 그것은 그녀에게 "지속적인 변화와 성찰의 중심"이 되었다.[15] 그녀가 교수를 가르치는 방식은 교수 주제에 적절한 교수과정을 학생들이 선택하거나 결정하도록 도전하는 일종의 실험실 경험이다. 그런 참여와 경험과 성찰의 경험은 인상적이면서도 효과적이다. 새라가 주제와 교수학습과정에 내용과 의미가 모두 포함되는 방식을 강조하는 것은 가르칠 내용에 어떤 교수 방식이 가장 적합한지 교사가 의도적으로 결정하는 게 얼마나 중요한지를 중시하는 것이다.[16]

「기독교교육 교수방법론」에서 새라는 교수와 신념 형성 간의 관계를 모색하기 위해서 교수 – 학습 과정에 대한 과거의 연구를 넘어선다. 이 저서를 통해서 그녀는 기독교 공동체 안에서의 교수의 역할이나 신앙과 신념의 관계에 대한 이해를 주로 돕는다. 뿐만 아니라 상이한 교수 방식에 관한 교수학습과정의 성격에 조심스럽게 주목하면서 교수가 목회사역으로서 갖는 신학적 차원을 명확하게 제시한다.

새라는 교수와 신념 형성 간의 관계를 검토하면서 신앙공동체가 "가치와 신념을 전달하는" 방식으로 "사역으로서의 교수가 보다 더 의도적인 기능을 할 수 있는지의 여부와 방법"에 관해서 질문한다.[17] 이것에 대답하려고 그녀는 복잡한 세 가지의 과제를 제시하면서 놀라운 방식으로 종합한다. 첫째, 그녀는 신앙공동체의 신념체계의 성격과 기능을 명쾌하게 분석한다. 둘째, 그녀는 교회에서의 교수의 성격과 기능을 정의하고 "교수는 물론, 신념 형성의 교수에 초점을 맞추는 방법을 사고하도록 돕는 기본적인 준거"의 구실을 하는 일련의 교수 방식을 개발한다. 리틀의 교수 방식은 (1) 정보 – 처리, (2) 집단 상호작용, (3) 간접적 의사소통, (4) 인격

발달, 그리고 (5) 행동/성찰이다.[18] 셋째, 그녀는 1982년에 시무어와 밀러가 찾아낸 다섯 가지 접근이 신념 형성과 재형성 과정에 공헌할 수 있는지 일일이 거론한다.

새라는 목회사역으로서의 교수를 정교하게 주장하지는 않는다. 교수는 결코 기독교교육의 전부가 될 수 없다. 오히려 그것은 그녀의 믿음처럼 학생과 학습자에게 공히 의도성이 요구되는, 보다 더 집중된 측면이다. 아울러서 새라의 경우에 교수사역은 늘 신앙공동체 안에 자리 잡고 있어서 이 맥락과 무관하게 이해될 수 없다. 하지만 목회사역으로서의 교수는 본질적이다. 아마 포스트모던 세계에서는 특히 그럴 수 있다. 기독교 공동체에서의 교수 – 학습과정에 대한 새라의 훈련되고 엄밀한 이론적 및 실천적 관점은 그 분야에 실질적으로 기여한다.

신학과의 대화상대

새라가 종교교육에 계속 기여하는 또 다른 측면은 신학과의 지속적인 대화이다. 그녀는 교육적 결정에 담긴 신학적 의미를 탐구하면서 신학적 결론에 담긴 교육적 의미를 동일한 기술과 관심으로 평가한다. 아울러서 그녀는 여러 해 동안 이 두 가지 분과학문 간의 상호작용에 대한 통찰력 있는 논평들을 집필했다.

몇 가지 경험이 새라의 신학적 관점을 형성하고 교육과 관계가 있는 신학에 대한 관심을 강화했다. 그녀가 석사학위를 받은 PSCE는 기독교교육을 성서신학, 신학, 그리고 선교를 배경으로 가르쳤고, 예일에서의 박사과정에서는 교리사, 현대신학, 그리고 윤리학을 공부해서 학제적 접근을 시도하게 되었다. 새라가 기독교교육을 "조정"(mediating)[19]의 학문, 즉 "다양한 분과학문 사이에서 빈번하면서도 목적을 갖고서 사상을 교환"하도록 요청하는 것으로 파악하는 것은 또 다른 영향 때문이었다.[20] 신학이 교육과 관련을 맺을 수 있는 다양한 방법들에 대한 그녀의 분석은 다중적 관계가 가능하다는 것을 보여준다. 그녀는 서로 다른 관계를 다섯 가지, 즉 (1) 소재로서의 신학, (2) 자원으로서의 신학, (3) 규범으로서의 신학, (4) 교육하는 것으로서의 "신학의 실천," (5) 쌍방적 대화로서의 신학과 교육으로 제시한다.[21]

신학이 소재(source)의 기능을 하게 되면 가르칠 내용 – 종종 교리, 신조 그리고 신앙고백과 함께 신학언어와 유산 – 을 제공하는 반면에 교육은 적절한 교수형식과 실제를 결정한다. 신학이 자원(resource)으로 이용될 때 교육은 구조와 내용 – 종종 학습자의 질문이나 생활경험에 관한 – 을 결정하는 분과학문이라서 성서와 신학에서 해답을 추구한다. "종교교육에 대한 적합성을 신학적으로 확인하려고" 주제, 프로그램 그리고 과정을 성찰하면 신학은 규범 구실을 하게 된다.[22]

교사와 학습자가 "일반적으로 수용되는 신학적 이해에 비추어서 삶의 정황이 갖는 의미"를 비판적인 신학적 성찰을 시도해서 "신학을 실천"할 경우에 신학은 교육하는(educating) 기능을 한다.[23] 끝으로, 새라는 교육과 신학이 "분리되어 있으나 서로 관련된" 분과학문으로서 "교육사역을 위한 계획"을 수립하려는 "쌍방적, 대화식 과정"에 참여하는 다섯 번째 대안을 구상한다.[24]

새라는 개혁신학과 종교교육에 관한 최근의 논문에서 두 학문 간의 보다 많은 협력에 관심을 표명했다. "그 움직임이 신학에서 교육으로든, 아니면 교육에서 신학으로든 간에 대화는 필요하다." 그녀는 이렇게 결론을 내린다. "따라서 개혁적 전통에 속한 우리는 교육의 사역에 대한 그 이해를 재개념화해서 우리의 과제에 학제적 접근을 시도하지 않으면 안

된다."[25] 교육학자와 신학자가 교육사역의 문제에 그런 태도를 취하면 그 것은 대부분 새라 리틀이나 그녀처럼 교육과 신학의 연관성을 구상할 뿐 아니라 실천하는 사람들 덕분일 것이다.

청소년 사역 옹호자

최근에 새라는 "청소년 사역은 내가 다루는 최우선 과제에서 몇 달 이 상 자취를 감춘 적이 없었다"라고 밝혔다.[26] 평생 그녀는 청소년들과 교회 의 구성원으로서 그들이 담당하는 특별한 사역을 옹호했다. 청소년 사역 의 적극적인 참여, 학생모임을 지도하던 기간, 고등학교에서 가르친 경 험, 워크숍과 세미나에 참석한 성인 청소년지도자들과의 폭넓은 작업, 그 리고 출판된 논문과 강의를 통한 청소년 문제의 지속적 성찰은 모두 오늘 날 청소년 사역에 요구되는 예리한 통찰을 계속해서 생산하게 만든다.

청소년 사역에 대한 그녀의 저서 두 권 역시 이 분야의 "고전"으로 특 별히 관심을 가져야 한다. '장로교 계약의 삶 커리큘럼'의 일부인 「기독 교 공동체의 언어」(The Language of the Christian Community)는 고 등학교 학생들에게 신학적 언어와 성서의 개념, 교회사, 그리고 교회의 신조와 신앙고백을 소개하려고 집필했다.[27] 귀납적인 교수와 학습방법을 활용하는 학생용 교재와 지도자용 안내서는 신학적 언어를 학생들의 학 교와 세계에서의 경험을 연계함으로써 대화와 성찰을 자극한다. 두 가지 안내서는 신학적 논의에 청소년과 성인 모두를 참여시킨다.

「청소년, 세계, 그리고 교회」(Youth, World, and Church)에서 새라 는 "청소년을 위하여, 함께 그리고 그들에 의한" 교회사역에 필요한 근거 를 개발했다.[28] 거의 30년이 지났어도 그녀의 주장은 여전히 검토할만하 다. "교회의 구성원인 청소년은 사역을 위해 세계에 존재하는 하나님의 사람들로서 기독교적 제자직으로 부름을 받았다. 그들은 돌보는 그리스도의 몸의 일부라서 그 안에서 공통의 부름을 성취하도록 지원받고 준비한다."[29]

새라의 논지 가운데 최소한 두 가지 측면을 검토하는 게 오늘날 청소년 사역에 시기적절할 것 같다. 첫째, "젊은 평신도"는 현재 선교에 참여하고 있어서 새라는 "청소년을 상대하는 사역"은 이 젊은 구성원들이 그리스도인으로서 나름대로 봉사하고 준비하는데 일차적으로 초점을 맞추도록 주장한다. 둘째, 청소년이 "세계 안에서 사역을 담당하고" 있다는 것을 지지하는 새라는 젊은이들이 "공통의 소명"(common calling)을 어디에서 가장 잘 성취할 수 있는지 질문하면서 학교를 고려해야 할 중요한 환경으로 제시한다. 성인 그리스도인들이 어째서 자신들이 "흩어진 교회"인지 문제를 삼는 것과 동일하게 젊은이들은 학교라는 세계에서 그리스도인으로서 담당하는 역할을 놓고서 비슷한 질문을 제기할 수 있다. 여러 학교에서 증가하는 폭력은 말할 필요도 없이 고등학교 생활에서의 다양한 다원론들을 전제할 경우에 이런 상황에서 청소년 선교에 관한 논의는 어쩌면 오늘날 무엇보다 시급하다. 젊은 평신도가 특정 환경에서 봉사하도록 부름 받은 하나님의 백성들이 되도록 어떻게 준비시키고 후원할 수 있을까?

신학교육의 지도자

신학교육의 지도자로서 새라가 공헌한 것을 제대로 평가하려면 전국적으로나 국제적으로 신학기관에서 맡았던 대표적인 강연 횟수를 고려하거나, 또는 그녀가 주도했던 다양한 학위과정이나 세미나, 그리고 회의를 열거할 수 있다. 여기서는 그 대신에 중요한 두 가지 역할에 초점을 맞춘다. 최근에 새라가 관여하는 '청소년 사역 및 신학대학원' 프로젝트와 신학대학원협회에 대한 공헌이다.

새라는 1989년 버지니아의 유니언신학대학원을 은퇴하기에 앞서 릴리재단(Lilly Endowment)이 출범시킨 '청소년 사역 및 신학대학원' 프로젝트를 주도했다. 이 5년짜리 청소년 사역을 위한 리더십 개발에 관한 연구에 43개 신학대학원, 5개의 기타 교육기관, 51명의 교수, 22명의 대학원생, 그리고 8명의 목사들이 참여했다. 덕분에 장차 청소년 사역의 가능성을 보여주는 잘 정리된 풍성한 연구 자료가 만들어졌다. 하지만 신학대학원들이 목회자와 교회교육자에게 청소년 사역의 리더십을 준비시키는 신학교육과 방법을 개혁하는 이 프로젝트의 전망이 훨씬 더 중요하다.[30]

아울러서 새라는 미국과 캐나다의 신학대학원을 인정하는 대표적 기관인 신학대학원협회(Association of Theological Schools, ATS)에 오랫동안 관여하면서 신학교육에 공헌했다. 30년간 현역 교수이면서 동시에 대부분 남성 행정가, 대학원장, 총장으로 구성된 조직에서 몇 안 되는 여성으로서 통찰력 있고 노련한 리더십을 발휘했다.

새라는 다양한 ATS 위원회의 위원과 의장을 맡아서 안식년 연구비와 지원금을 지급하고, 잘 드러나지 않는 후원자들의 충분한 참여를 확보하거나 인증방문을 이끌고, 그리고 인증기준을 수정하는 책임을 감당했다. 그녀는 상임위원회에서 활동했고 그 협회의 부회장으로 선출되었다. ATS와의 작업 역시 신학교육에 종사하는 여성들과 관계된 문제들을 제기할 수 있는 기회가 되었다. 가령, 1980년에 새라와 뉴욕의 어번신학대학원 총장 바바라 윌러(Barbara Wheeler)는 격년마다 개최되는 ATS 모임에서 총장들과 학장들을 상대로 "신학대학원들이 여성들을 책임지는 노력을 확대해야 하는 방법들"을 놓고 강연했다.[31] 둘의 발표는 신학대학원의 환경에 속한 여성들과의 상담에 근거해서 여학생, 여교수, 여성학, 그리고 페미니즘의 지적 관점과 관련된 개선이나 변화를 위한 네 가지 대표적인 영역들을 제시했다.

상임위원회 활동이 끝나갈 무렵에 새라는 ATS의 활동을 일부 평가해 달라는 요청을 받았다. 새라는 그것을 행정의 역할이 신학교육과 어느 정도나 관련이 있는지 일깨워준 "확장 체험"(broadening experience)으로 규정했다. 그러면서도 그녀는 협회의 활동에 교육을 담당하는 교수들이 더 많이 참여하는 게 중요하다는 것도 함께 지적했다. "정말로 나는 교사들이 … 신학교육에 제공할 수 있는 것을 가지고 있었다는 것, 그리고 그것을 행정가들에게 넘겨주는 것은 근시안적이었다는 메시지를 남기고 싶다고 말했다."[32]

1994년에 새라는 신학대학원협회의 공로메달을 수상했는데, 여성으로서는 최초로 그 영예를 누렸다. 메달의 내율을 일부 읽어보면 이렇다. "이것은 새라 P. 리틀이 신학교육의 발전과 핵심 목적의 달성에 특별히 기여한 것을 공개적으로 알리기 위함이다."

페미니스트 접근과의 공통점

새라 리틀이 실천한 종교교육과 저서를 전반적으로 구성하는 요소들은 바바라 킬리가 서론에서 페미니스트적 종교교육의 접근에서 중요한 것으로 지적한 것들과 다르지 않다. 어느 것들은 나머지 것들보다 더 비슷하기도 하지만, 페미니스트적 접근이 공통적으로 유지하는 모든 요소들이 새라의 독특한 작업에 포함되어 있다는 게 무엇보다 중요하다.

페미니스트적 종교교육이 삶이나 경험을 교육과정과 통합하도록 강조하는 것은 새라가 종교교육을 "하나님에게 속한 사람들의 삶에 영향을 미치는 모든 것과 관계가 있어서 … 사람들이 이해하도록 돕고, 그들의 삶 속에서의 사건들을 서로 연결하는" 조정(mediating)의 학문으로 파악하는 것과 연결될 수 있다.[33] 그녀가 신념 형성을 중시한 것 역시 이런 통합을 지지한다. 정서, 의지, 행동, 그리고 인지의 차원을 결합시키는 신념은[34] "삶을 통합해서 유지시키는 중요한 요인이 될 수 있다."[35]

서로 듣고 "경청하는 것"(hearing into speech, 닐 머튼)을 유대감의 원천으로 삼고 있는 공동체 안에서의 학습은 새라의 두 가지 교수 모형과 양립이 가능해보인다. 만인제사장설에 입각한 교수에 대한 집단 상호작용 접근은 "개인들이 신념을 신앙과 결부시킬 때 호혜적 지원이 존재하는 유대관계를 형성하는 잠재력이 있다."[36] 게다가 인격 발달 접근은 신앙공동체에서 "나"(I)를 말할 수 있기를 간절히 바라는 개인들을 진지하게 대하는데,[37] 그것은 특별한 종류의 경청이다.

종교교육의 맥락성(contextuality)에 대한 또 다른 관점을 위해서 새라의 경우처럼 맥락과 신념의 형성 관계를 살펴보자. 신념은 일부 맥락에서 의미가 있어야 해서 종교교육자는 신념 형성을 돕는 다양한 맥락이나 틀을 파악해야 한다. 의도적인 교수 이외에도 신앙공동체, 자아 발달, 그리고 신앙 행위와 행동을 통해서 신념과 태도, 참여를 형성하고 양육하는 "행위의 조성 영향"이 기타 맥락에 포함된다.[38]

언어가 어떻게 종교적 인식을 형성하고 신념을 전달하는지에 대한 관심은 새라의 연구를 구성하는 중요한 요소이다. 대개 그렇듯이 그녀는 언어를 나름대로 재구성해서 자신이 믿는 바를 보다 더 분명하면서도 명시적으로 말하는 방식으로 인간과 하나님을 언급한다. 이 요소의 또 다른 측면은 그녀가 "젊은이들이 스스로를 위해 믿는 내용과 이유를 공식화할 때 도움이 되도록" 집필했던 저서와 학습지침처럼 기독교 공동체의 언어를 전달하는 일에 전념한 것이다.[39] 그녀는 "우리가 공동체 안에서 양육받을 뿐 아니라 그 안에서 소명을 함께 성찰하는 도구들, 즉 언제나 정적이 아닌 동적으로 간주되어야 하는 우리의 언어와 신념을 지니고 있기" 때문에 그와 같은 소통이 아주 중요하다고 생각한다.[40]

교사와 학습자의 협력은 새라가 생각하는 교수학습과정의 핵심이다. 「기독교 공동체의 언어」에서 그녀는 책의 시작 부분에 있는 대문자와 굵은 글씨의 표제를 "학습자에게 건네는 한 마디"라고 하면서도 밑에 있는 괄호에는 "가르치는 학습자와 배우는 학습자 모두에게"라고 적어 넣어서 이 학습의 파트너십을 모형으로 제시한다.[41] 그녀는 「기독교교육 교수방법론」에서 교수를 "사람들이 진리를 추구하고 응답하도록 돕는 것을 의도적으로 지향하는 사역의 형식"이고,[42] 그 상호성의 이미지 안에서 교사와 학습자는 "진리를 함께 마주한" 채 "순례하는 동료들"이라고 설명한다.[43] 새라는 1952년에 청소년을 이끄는 성인 지도자들을 위한 안내서를 집필하면서 "지도자의 기본적인 방향은 '우리'이고, 기본적인 방법은 '함께 일하는 것'이라는 사실을 반드시 기억하라"고 말한다.[44]

새라는 이론과 실천의 상호의존성을 이렇게 설명한 바 있다. "이론은 실천으로 성취될 때 검증되고 명료화된다. 실천은 새로운 질문과 새로운 의미를 개방하기 때문에 진행 중인 이론을 결정하도록 돕는 것은 그것은 물론 신학의 형성에까지 기여하는 것이다."[45] 교수와 학습을 다루는 세미나 참석자들에게 그녀는 학습할 내용과 어울리는 방법을 구사하면서 가르치도록 요구해서 이론과 실천을 통합하는 모형을 제시한다.[46] 그녀는 이렇게 피력한다. "어떤 사람이 특정 유형의 지식을 방법론으로 구체화하거나 번역하려고 할 경우에 이론과 실천의 상호의존성은 명백하다. 더 중요한 것은, 그가 어떤 교수 상황에서도 이론에 관해서 생각하는 법을 익힌다는 것이다."[47]

종교교육과 해방 사이의 관계를 명확히 하라면 새라는 예수 그리스도 안에 계시된 하나님이 해방시킨다는 것과 우리는 제자들로서 하나님의 해방시키는 활동을 세계 안에서 구체화하도록 해방되었다고 말할 것이다. 우리는 이것에 대한 설명을 활동 – 성찰을 믿기와 행하기라는 교수모형으로 그녀가 설명하는 것에서 확인한다.[48] 게다가 그것은 책임지는 구성원의 성격, 즉 그리스도인들은 제자이자 시민의 역할을 한다는 최근의 성찰에서도 드러난다. "미국 개신교는 초기 역사 대부분에서 공공의 이익에 대한 관심을 설교와 교육을 가지고 회중의 삶에 포함시켜서 구조를 완성했다. 그와 같은 관심을 어떻게 잃어버렸을까? … 진리는 '이해될' 뿐 아니라 '실천'되어야 해서 우리는 성실함, 순종, 공동선에 대한 관심에 부여하는 가치의 원천으로 유산에서 이끌어오는 것을 교육하도록 요청하고 있다."[49]

끝으로, 새라는 교회 안에서의 권력의 상호성(mutuality of power)을 다양한 관계로 확대시켜서 거론한다. 예컨대, 교수는 교사와 학습자 간의 상호성의 관계 안에서 수행되어야 한다. 교사의 경우에 이것은 "학습자의 독특성과 독자성을 존중하고, 학습자가 선택하고 결정할 수 있는 권리를 침해하는 설득이나 영향력 있는 기법의 활용을 거부하는 문제"이다.[50] 그녀는 평신도 사이에서 권력과 책임을 공유해야 할 필요성을 지적하면

서 청소년을 충분한 자격을 가진 "젊은 평신도"로 강조한다.[51]

살아있는 유산

새라는 계속해서 자신의 유산을 만들어간다. 하지만 종교교육자로서 그녀가 건네는 선물 가운데 일부는 이미 분명해졌다. 그녀는 지적으로 빈틈이 없어서 계속 종교교육과 신학을 연결해서 두 개의 학문을 개혁하고 재구성한다. 신학교육 지도자로서 과정과 구조의 시사점을 찾아내서 행정이나 커리큘럼의 문제에 지침을 제공할 수 있다. 신학적 성향의 종교교육자로서 자신이 속한 교단과 교회에 적극 참여해서 실천에 이론을, 또 이론에 실천을 부여한다.

무엇보다도 그녀는 교수학습과정에 일평생 주목하고 있는 유산을 남겨준다. 새라에게 배운 이들과의 대화는 그녀가 종교교육을 통합학문으로 이해하면서 사람들의 삶이 연결되도록 후원하려고 서로 다른 대화상대를 초대했던 것의 중요성을 일깨운다. 종교교육은 그리스도인의 삶 전체, 즉 형식적인 학습은 물론 선교와 예배와 교제와 연결되어 있다는 그녀의 통찰을 상당수가 강조한다. 다른 사람들은 교수와 학습에 대한 정의, 특히 상호 학습자로서의 교사를 지적한다. 반면에 또 다른 사람들은 교수방법이 중립적 과정 이상이라는 것을 이해하도록 돕고 의도적인 교사가 되도록 도와주었던 방법을 거론한다.

새라의 유산에는 그녀에게 배운 학생들의 숫자 역시 포함된다. 그들은 현재 전 세계의 학교, 신학대학원과 사무실, 가정과 병원, 교회, 캠프, 그리고 대회를 비롯한 아주 다른 상황에서 가르치고 있다. 그들은 하나님이 지혜를 다해서 가르치도록 부름을 받은 이 재능 있는 여성의 살아있는 유산이다.

7장 주(註)

1. 야고보서 3:1.

2. Sara Little, "The 'Clue' to Religious Education," *Union Seminary Quarterly Review* 47, 3-4 (1993): 7-21

3. Sara Little, "What We Should Not Forget," *PACE : Professional Approaches for Christian Educators* 24 (February 1995): 10.

4. Sara P. Little, interview by William Bean Kennedy, tape recording, 24 January 1994, Religious Educators Oral History project, Oral History Collection, Burke Library, Union Theological Seminary, New York (transcript, 6-7).

5. Little, interview by Kennedy (transcript, 5)

6. Little, "What We Should Not Forget," 8.

7. Little, interview by Kennedy (transcript, 11-12).

8. Ibid, (29).

9. Little, "'Clue' to Religious Education," 15.

10. Little, interview by Kennedy (transcript, 23).

11. Ibid, (36-37).

12. Little, "'Clue' to Religious Education," 20.

13. Ibid, 18.

14. Little, "What We Should Not Forget," 11–12.

15. Little, interview by Kennedy (transcript, 113).

16. Sara Little, "An Approach to Teaching about Teaching," *in Process and Relationship*, ed. Iris V. Cully and Kendig Brubaker Cully (Birmingham, Ala. Religious Education Press, 1978), 15–21

17. Sara Little, *To Set One's Heart: Belief and Teaching in the Church* (Atlanta: John Knox Press, 1983), 86

18. Ibid, 39.

19. Sara Little, *The Role of the Bible in Contemporary Christian Education,* (Richmond: John Knox Press, 1961), 163.

20. Ibid, 7.

21. Sara Little, "Theology and Religious Education," in *Harper's Encyclopedia of Religious Education,* ed. Iris V. Cully and Kendig Brubaker Cully (San francisco: HarperCollins, 1990), 649–51. Sara Little, "Theology and Religious Education," in Foundations For Christian Education in an Era of Change, ed. Marvin J. Taylor (Nashville: Abingdon Press, 1976), 30–40 역시 볼 것.

22. *Harper's Encyclopedia*, 650.

23. Ibid.

24. Ibid, 650–51.

25. Sara Little, "Reformed Theology and Religious Education," in

Theologies of Religious Education, ed. Randolph Crump Miller (Birmingham, Ala: Religious Education Press, 1995), 34.

26. Little, "What We Should Not Forget," 8.

27. Sara Little, *The Language of the Christian Community* (Richmond: CLC Press, 1965)

28. Sara Little, *Youth, World, and Church* (Richmond: John Knox Press, 1968), 17.

29. Ibid. 11.

30. Sara P. Little, "Introduction," *Affirmation,* 2, 1 (1981): v-x. 리틀은 이 잡지(*Affirmation*)의 편집자를 지냈다.

31. 개선 또는 변화가 진행된 네 가지 영역에 대한 논의는 다음을 참조할 것. *Religious Education* 76, 4 (1981): 382-90.

32. Little, interview by Kennedy (transcript, 78).

33. Little, "What We Should Not Forget," 9.

34. Little, *To Set One's Heart,* 7.

35. Ibid. 9.

36. Ibid. 40.

37. Ibid. 74-75.

38. Ibid. 22-31.

39. Little, *Language of the Christian Community,* 9.

40. Little, *To Set One's Heart,* 21.

41. Little, *Language of the Christian Community,* 5.

42. Little, *To Set One's Heart,* 41.

43. Ibid. 9.

44. Sara Little, "The Adult Leaders of Youth," in *Handbook: Senior High Fellowship, Presbyterian Church, U.S.* ed. Bettie Currie (Richmond: John Knox Press, 1952), 33.

45. Sara Little, "Paul Herman Vieth: Symbol of a Field in Transition," *Religious Education* 59, 3 (1964): 204.

46. Little, "An Approach to Teaching about Teaching," 16.

47. Ibid, 20.

48. Little, *To Set One's Heart*, 76–85.

49. Sara Little, " 'Experiments with Truth' : Education for Leadership," in *Caring for the Commonweal*, ed. Parker Palmer, Barbara Wheeler, and James Fowler. (Macon, Ga. Mercer University Press, 1990), 174.

50. Little, *To Set One's Heart*, 62.

51. Little, *Youth World, and Church*, 29.

8장
레티 러셀 :
파트너십을 위한 교육

바바라 킬리(Barbara Anne Keely)

레티 러셀은 페미니스트 신학을 개척한 것으로 유명하다. 1950년대 이후로 그녀의 연구는 해방과 능력을 부여하는 신학 및 성서의 틀을 모색하는 여성과 남성에게 영향력을 발휘했다. 레티는 신학적 성향의 교수이면서도 교회교육자로서 사역과 교육을 시작했고, 그리고 신학자로서의 명성은 페미니스트 신학과 교육을 통합한 데 따른 것이었다. 신학자와 교육자를 위한 페미니스트적 언어가 존재하기 전에 그녀는 학생들과 학자들이 나갈 길을 인도했다. 레티를 이 글에서 다루는 것은 교육자로서의 그녀의 업적과 함께 종교교육 분야에 속한 여성과 남성의 연구를 구성하는데 중요한 역할을 담당했기 때문이다.

나는 박사과정에서 레티의 업적을 진지하게 검토하기 시작했다. 연구를 하면 할수록 호기심이 커지고 나의 사고에 뿌리를 내렸다.[1] 다양한 신학적 논의에 참여하면서도 교회에 머물고 싶어 하는 우리들에게 실마리를 제공하고 있기 때문이다. 그녀는 여성과 교회의 주변에 속한 이들을 억압한 성서의 해석과 전통에 도전할 때조차 성서와 기독교 전통을 떠나지 않았다.

레티 맨디빌 러셀(Letty Mandeville Russell)은 1929년 뉴저지주 웨스트필드에서 태어났다. 그녀는 웨스트필드장로교회 출신이었다. 매사추세츠의 웰슬리 칼리지(Wellesley College)를 1951년에 졸업했다. 대학시절에는 학생자원운동(Student Volunteer Movement)과 뉴잉글랜드의 학생기독교운동(Student Christian Movement)에 아주 적극적으로 참여했다. 대학을 졸업하고 1년 동안 코네티컷 미들타운에서 3학년을 가르치면서 코네티컷주 허가넘의 작은 감리교회에서 기독교교육 프로그램을 지도했다.

1952년 레티는 어센션 교회의 종교교육 담당자(DRE)와 과거 미국 연합장로교회의 가정 선교사로 이스트할렘 개신교 교구에서 사역하기 시작했다. 백인으로, 뉴저지의 부유한 지역 출신으로 좋은 교육을 받은 젊은 여성이 이스트할렘 개신교 교구를 어떻게 찾아와서 사역했는지 묻자, 그녀는 대학시절에 학생기독교운동에 참여한 것과 복음을 변혁의 원천으로 이해한 것을 떠올렸다.[2]

하버드대학에 입학해서 1958년 졸업한 이후에 레티는 미국 연합장로교회에서 말씀과 성례전 사역을 위해 최초로 안수를 받은 여성 가운데 하나가 되었다. 그녀는 어센션(Ascension)교회로 다시 돌아와서 10년간 목사로 봉사했다. 당시 할렘은 격동기였고, 레티의 신학과 교육이론은 억압받는 사람들 사이에서 사역을 하면서 형성되었다.

1967년 뉴욕의 유니언신학대학원에서 기독교교육과 신학을 주제로 석사학위(STM)를 취득했고, 1968년에는 신학공부를 계속하려고 이스트할렘 교구를 떠났다. 1969년 레티는 선교신학과 에큐메닉스에서 박사학위(Th.D)를 받고 1969년부터 1975년까지 맨해튼칼리지에서 가르쳤다. 그녀는 1974년 예일신학대학원의 교수로 임용되었고 여전히 신학교수로 있다.

레티의 작업은 지역적 상황에 근거하면서도 전 세계적인 에큐메닉스에 집중한다. 세계교회협의회(WCC)의 활동 덕분에 그녀는 세계적으로 유명해졌다. 해방과 페미니스트 관점에서 신학과 기독교교육의 최전선에서 있었다. 전국적으로나 국제적으로 다양성을 존중하고 비차별주의(inclusivity)를 위해서 활동하는 신학적 대화를 격려하는 인물로 알려져있다. 그녀는 저술, 교육, 리더십을 통해서 많은 여성과 남성의 모범이면서 파트너라는 사실을 입증했다.

학문과 교육

레티는 1백편 이상의 논문과 책을 출판했다. 「기독교교육의 새 전망」(Christian Education in Mission)의 서론에서 그녀는 자신의 연구가 두 가지 방향에서 비롯되었다고 밝혔다. "그것은 나의 경험과 신학이다. 나의 경험은 가난, 실패, 그리고 절망의 복판에 자리하면서도 감사하는 것을 익힌 한 그리스도인 공동체의 삶에 대한 것이다(엡 5:15-20). 나의 신학은 그리스도의 부활과 승리가 기독교적 삶과 양육의 출발점이자 종착점이라는 확신에 근거한다(고전 15:51-58)."[3]

사역에 대한 경험은 신학에 대한 이해가 바뀌는데 영향을 미쳤다. 빈민이나 피억압자와 함께 하는 사역의 경험은 "함께 하는 사역"이 무엇인지(파트너십) 그리고 그 경험에 적합한 신학이 어떤 것인지(해방)를 모두 재조정하도록 요구했다.

레티는 1960년대 이스트할렘 개신교 교구에서 발전시킨 협력 사역을 소개했다. 협력 사역이라는 개념의 핵심은 "고유한 평신도 리더십의 개발 … 그리고 특정 단위의 모든 스탭을 그룹이나 팀 사역의 일부로 포함시키고 싶은 생각"이었다.[4] 그 팀은 간사/교육보조자와 관리자로 구성되었다. 세월이 흐르면서 간사는 더욱 더 교육 사역을, 그리고 관리자는 스페인어로 설교하고 가르치는 평신도 전도자가 되었다. 교회의 스탭은 동역자, 사역자, 교육보조자로 움직였고, 그리고 관리자는 주보를 만들고 바닥청소를 하는 것부터 설교하고 성서공부를 인도하는 것에 이르기까지 모든 책임을 함께 했다.

레티는 이 시기에 두 가지 자료를 개발했다. 첫째 자료는 1960년부터 1968년까지 집필하고 이스트할렘 개신교 교구에서 출판한 「매일 성서 읽기」(Daily Bible Readings)였다. 두 번째 「기독교교육 핸드북」(Christian Education Handbook, 1966)은 "DIY 가이드"(do-it-yourself guide)로서 교구만을 위한 커리큘럼 자료를 개발하기 위한 것이었다.[5]

이스트할렘 개신교 교구의 교육사역은 매주 성서연구 모임에서 일부 접할 수 있었다. 「매일 성서 읽기」를 사용하는 이 모임은 다음 주일 설교 본문으로 예정된 성구를 가지고 공부했다. 레티는 9년간 이 모임에 필요한 자료를 집필했다.

하지만 그 자료에는 매주 진행되는 모임의 한계를 넘어서서 한 주간에 필요한 성서 본문까지 포함되었다. 이것은 참여자들의 매일 성서연구를 격려하려는 의도를 지니고 있었다. 레티가 구성한 전체 구조는 이런 형식이었다. "월요일에는 스탭과 성서연구 인도자들, 화요일에는 가정 성서연구 모임 전체, 주일에는 어린이와 청소년이 같은 본문을 공부했고, 그것은 설교를 위한 기초가 되었다."[6]

1996년 레티는 교회들이 자체 커리큘럼을 개발하도록 「기독교교육 핸드북」을 집필했다. 「매일 성서 읽기」를 보충하기 위함이었는데, 그렇다고 해서 반드시 서로 필요한 것은 아니었다. 그런데 「기독교교육 핸드북」은 "전체 교회 가정에서 교육의 대화가 발생하는 것"과 "진지한 성서 공부를 지속적으로 시도하지 않으면 어린이를 위한 기독교교육은 불가능하다는 것"을 강조했다.[7] 레티는 이 같은 초창기 사역에서도 나중에 공동체 중심, 해방의 지향, 그리고 권력에 대한 페미니스트적 이해에 근거한 것으로 알려진 페미니스트적 접근의 이론과 신학을 구체화 하고 있었던 게 분명하다.

종교교육에 대한 관점의 발전과정을 설명해달라고 요청하자 이렇게 대답했다. "오랫동안 종교교육의 이해에 있어서 변함없는 요인은 내 삶이 바뀌자 그것도 바뀌었다는 것이다." 계속해서 그녀는 특별히 영향을 받은 것들을 다음처럼 인정한다.

하나는, 종교교육에 대한 내 생각이 바뀐다는 것은 새로운 페미니스트 의식과 비판을 보여주는 것이다. 또 다른 하나는, 여타 해방신학자들처럼 교육에 대한 객관적인 설명이 존재하지 않는다는 것을 주장하고 싶다.

교육 자체의 또 다른 변함없는 요인은 그것을 결코 완벽하게 설명하거나 정의하지 못한다는 것이다. 교육은 대화의 관계를 통해 인간 전체의 발달을 실현하고 바로잡는 일종의 과정이다. 우리는 이 과정을 철저하게 벗어나지 못한다. 우리는 상호작용을 하면서 교수학습 상황의 진행을 규정하는 일에 참여하기 때문이다. 교수학습 상황이 바뀔 때마다 그 과정을 규정하던 방식 역시 바뀌는 것을 직접 경험했다.[8]

교육을 사역으로 간주하던 초기 활동부터 교육을 권력분배 (empowerment)로 규정하는 후기 저서에 이르기까지 레티의 "기독교교육에 대한 서술은 기독교교육이 하나님의 주도권과 더불어서 연속적인 성숙의 과정에서 다른 사람들과의 파트너십과 연결되어 있다는 확신을 계속해서 고수했다."[9]

레티는 아울러서 이렇게 덧붙였다. 한 가지 "변함이 없는 측면은 종교교육보다 기독교교육이라는 용어를 사용하는 것이다. 이것은 순전히 내가 개혁적 전통 출신의 신학자이자 교육학자, 즉 나의 특별한 출발점이 성서적이고 기독론적이기 때문이다. 나는 하나님의 구원과 해방의 행위에 대한 참여자로서 학습하는 법을 발견하려고 내가 지닌 신앙의 성서적 기초로 거듭 돌아갔다."[10]

레티는 오랫동안 기독교교육을 다양한 방식으로 서술했다. 그녀는 자신의 발전 과정을 돌이켜보면서 교육적으로 강조한 것을 성서적 기초(선교, 전통, 그리고 형성), 해방적 차원(해방, 파트너십, 그리고 디아코니아), 그리고 인간 공동체(출애굽, 양육, 그리고 권력분산)으로 유형화했다.[11] 업적을 검토하면 그녀가 이것들 가운데 무엇 하나 포기하지 않고 자신의 사상 속에 통합했다는 게 드러난다.[12] 권력을 분산하는 공동체에서 생활한 레티는 지금도 여전히 파트너십을 해방적으로 이해한다.[13]

성서적 기초

레티는 1950년대와 60년대에 교육은 선교라는 개념으로 시작했다. 첫 작품 「기독교교육의 새 전망」에서 그녀는 "기독교교육은 남성[그리고 여성]의 인간성을 진정으로 회복시키는 하나님의 선교에 모든 사람들을 동참시키는 그리스도의 초대에 참여하는 것"이라고 정의했다.[14] 기독교교육이 하는 역할은 사람들을 선교하도록 준비시키는 것이다. 러셀에게 기독교교육과 선교 간의 차이는 대부분 존재하지 않는다. 기독교교육은 선교교육이기 때문이다.

이것은 그리스도를 교사이면서 동시에 가르치는 교수내용으로 받아들이도록 영향을 미쳤다. "1950년대 신학교육의 영향 덕분에 나는 그리스도 안에 있는 하나님이 우리의 교사라는 것과 우리가 학습과정에서 행동을 통해 하나님과 공유하고 있다는 것을 명확하게 제시하고 싶었다."[15] 우리가 학습하는 행위는 그리스도 안에서 우리를 위해 일한 하나님에 대한 복음을 공유하는 방법이다.

기독교교육을 위한 레티의 두 번째 성서적 기초는 전통으로서의 교육이다. 이스트할렘에서 사역하는 동안 격렬한 민권운동과 씨름하면서 레티는 이런 글을 남겼다. "현실과 의미를 미래의 시각에서 바라보면서 문제를 제기하면 전통들의 의문스런 점들이 떠오른다. [인간의] 역사적 성격을 구성하는 문화적 유산의 형태는 예기치 못한 변화를 마주할 때 붕괴한다."[16] 사회적 격변이 한창일 때 그녀는 여전히 기독교 전통의 본질적인 질문에 대해서 물음을 제기한다. "그것은 믿을만한가? 오늘 나에게 무슨 의미를 가질 수 있을까? 그 존재가 내 미래를 결정할까?"[17] 이와 같은 접근은 이 장의 후반부에서 거론되는 러셀의 "나선형 신학적 참여"(spiral of theological engagement)에서 분명히 드러난다.

1970년대에 레티는 오이코스(oikos), 즉 하나님의 집이라는 해석에 근거해서 교육을 설명하는 방식인 형성(building up)의 이미지로 나갔다. 교구 사역을 하다가 맨해튼칼리지와 뉴욕신학대학원에서 가르치게 되자 "회중을 교육적 성장의 장으로 강조할 수 있는 용어"를 모색했다.[18] 전 세계적인 YMCA와의 사역을 회중교육의 시도와 통합하면서 "세계"

(oikoumene)와 "형성"(oikodome)의 어원이 되는 오이코스를 선택하게 되었다. "교육은 하나님의 경영이나 관리(oikonomia, 고전 9:17), 인류 전체의 세계를 위한 하나님의 가족(oikos, 갈 3:27-28)의 형성 (oikodome, 엡 4:11-16, 고전 3:10-11)에 참여하는 것이었다."[19] 가족의 이미지는 러셀의 신학에서 주류를 형성하지만,[20] "형성"의 이미지는 더 이상 사용하지 않는다. 그것이 흥미로운 학문적 시도이기는 해도 "학생들 사이에서 더 이상 별다른 반응을 이끌어내지 못한다"는 것을 인정한다.[21]

해방의 차원

해방신학의 언어와 해방 운동이 1970년대 초중반을 주도하자 레티는 해방으로서의 교육을 거론하기 시작했다. 해방으로서의 복음과 해방자로서의 하나님으로 초점이 옮겨갔다. 교육은 그리스도 안에서의 해방을 이해하게 되는 과정이었다. 이런 강조는 해석학, 신학, 그리고 교육의 작업을 위한 기초가 되었다.

> 「페미니스트 관점에서 본 인간 해방 - 신학」(Human Liberation in a Feminist Perspective - A Theology)을 출판하고 난 이후로 나는 해방으로서의 교육에 대한 서술로 언제든지 되돌아갔다. 그것은 "… 완벽하게 인간적인 사회를 창조하는 하나님에게 참여하는 것에 비추어서 억압의 의미"를 행동 - 성찰하는 일종의 과정이다. 인종주의, 성차별, 그리고 계급차별 같은 억압을 영구화하는 구조는 주요 비판 거리가 되었고, 그리고 행위/성찰의 과정으로서 참여교육을 강조하는 것은 지속적인 주제

였다.[22]

교육을 해방으로 파악하는 것은 신학자이면서 신학대학원 교수로 활동하는 러셀의 연구에 영향력을 발휘했다. 게다가 복음의 완벽한 비차별주의라는 관점은 예수 그리스도의 해방적 복음에 관한 전 세계적인 대화에 계속 참여하게 만들었다.

페미니스트 해석학, 신학, 그리고 교육의 영역에 관한 글쓰기 전반에 걸쳐서 파트너십은 일관된 주제였다. 1977년 레티는 이런 글을 썼다. "파트너십은 실현을 오랫동안 기다려온 개념이다." 그녀는 계속해서 파트너십을 "우리의 삶에서 하나님과 우리의 파트너십이라는 은사에 기초한 상호성과 신뢰의 관계"라고 정의했다.[23]

레티는 초기 작품에서 참여교육을 거론하기 시작했지만 파트너십으로서의 교육이 해방적 기독교교육의 접근에서 중요한 차원으로 등장한 것은 「파트너십의 미래」(The Future of Partnership, 1979), 「파트너십의 성장」(Growth in Partnership, 1982), 그리고 1979년대 후반부터 출판된 수많은 논문들부터였다.

해방적 교육의 과정과 목표를 함께 기술하기 위해서 나는 코이노니아(공동체, 참여, 파트너십; 고전 10:16-17)라는 개념을 구사하기 시작했다. 「파트너십의 미래」를 집필하면서 하나님과 우리의 파트너십이 타자와 파트너가 되도록 우리를 자유롭게 한다는 불가능의 가능성을 모색하기 시작했다. 이것은 억압과 해방으로부터의 후퇴라기보다는 "평등 다음에는 무엇일까?"라는 질문에 응답을 하는 자유를 좇는 투쟁에 관해서 종말론적 질문을 제기하

려는 시도였다.[24]

위의 질문은 파트너십을 위한 교육의 투쟁을 시사한다. 평등이나 해방은 파트너십을 선행하기 때문에 파트너십을 교육하는 것은 일차로(또는 함께) 해방을 교육하는 것이다. 해방과 파트너십은 교육 사역에 대한 러셀의 이해를 구성하는 측면들과 서로 맞물려있다.

교육을 파트너십으로 이해하는 틀을 완성할 무렵 레티는 교육을 섬김(diakonia)으로 설명하는 것도 함께 포함시켰다. "이런 관점에서 볼 때 기독교적 봉사는 참여자가 자신과 타인의 자기 계발을 목표로 삼는 방식을 의도하고 있는 경우에는 형태와 무관하게 교육적이다."[25] 해방, 파트너십, 그리고 봉사정신(diakonia)이라는 세 가지 차원은 러셀의 해석학, 신학, 그리고 기독교교육을 설명하는 방식에 있어서 여전히 핵심이 된다.

인간 공동체
러셀의 사상에서 인간 공동체가 소유한 일차적 차원은 여정 또는 출애굽(exodus)이다. 러셀은 "학습의 과정을 '가변적 상황'"으로 간주하면서 1970년대에서 1980년대로 넘어갔다. "… 나는 학습의 방법을 하나님의 자유 운동에 합류하는 것으로 서술하려고 다시 성서의 소재로 돌아와서 교육을 출애굽, 곧 자유를 주는 하나님의 운동의 일부로서 함께 나가는 것으로 서술하기 시작했다."[26] 위에서 확인한 차원들을 살펴보고 새로운 창조의 "맞은편 끝에서" 그것들을 바라보게 되면서 레티의 질문은 "우리는 어떻게 이곳에서 거기에 도달할 수 있을까?"로 바뀐 것 같다. 이제는 속박에서 해방으로 이어지는 출애굽 여정이 교육과정에 대한 그녀의 설명에 있어서 중요해졌다.

1980년대 초반 레티는 교육에서 진전을 거듭하는 모습을 계속 유지하면서 양육으로서의 교육을 역시 강조했다. 그녀에 따르면, 양육은 "하나님이 온전한 인간 존재로 생각하는 모습에 우리가 어떻게 도달할 수 있는지 탐구한다. 여기에서는 우리가 하나님의 도움을 받으면서 타인을 돕는 법을 익힘으로써 인간적이 되어가는 과정이 중요하다."[27] 하나님은 우리와의 파트너십이나 여정에서 주도적이기 때문에 우리는 함께 여정에 나서도록 부름을 받았다. 이 차원은 교육과정에 대한 공동체 의식을 심화시킨다.

레티가 다음으로 강조한 것은 권력분배(empowerment)였다. "가부장적인 의존적 교육구조를 벗어나려면 모든 연령의 사람들에게 파트너십에 적합한 권력을 분배하고 자신들의 교육 여정에 참여하도록 초대해서 공동체의 구조를 개발해야 한다."[28] 레티는 사람들이 하나님이 의도한 미래로 나가도록 자유를 주는 파트너십을 통한 권력분배를 강조해서 교육사상의 중요한 차원들을 통합한다.

최근에 종교교육에 대한 견해를 묻자 레티는 변혁(transformation)이라는 개념을 선택했다. "[신학 교육은] 교사와 학습자의 삶을 변혁하려고 시도할 뿐만 아니라 신앙공동체의 변혁과 그 공동체가 공유하는 사역을 위한 노력을 의제로 삼고 있다. … 변혁은 개인이 성령의 능력으로 새롭게 되고, 그 개인의 사역이 자신이 속한 상황에서 변혁을 가져올 것이라는 기대에 부합하는 학습을 우리가 공유하고 있음을 암시한다."[29]

종교교육에 대한 공헌

레티는 자신의 일차 업적을 신학자의 그것으로 간주한다는 측면에서 여기에 소개된 기독교교육학자들과는 다르다. 예일신학대학원이 종신교수직을 검토할 때 그녀는 교육학 분야의 종신직은 수용하지 않겠다고 분명하게 밝혔다.[30] 이 책에 포함된 다른 여성 기독교교학자들처럼 그녀는 최첨단에 서도록 부름을 받은 것을 알고 있었지만, 그녀가 있어야 할 곳은 신학이었다. 신학의 작업을 둘러싼 권력의 역학을 잘 알고 있는 그녀는 종교교육보다 신학에서 종신직을 보장받는 게 신학교육에 훨씬 더 크게 공헌할 수 있다고 생각했다.

최근 수십 년 이상 학문과 연구업적이 페미니스트 신학과 성서의 해석에 주로 집중되었더라도 종교교육에 대한 그녀의 영향은 분명하다. 종교교육학의 대표자인 토머스 그룸(Thomas Groome)은 이렇게 평했다. "러셀의 전체 저서는 오늘날 종교교육이 활용할 수 있는 무엇보다 중요한 문헌이라고 생각한다. 파트너십에 대한 그녀의 현재 연구는 우리가 귀기울여야 할 긴급한 메시지이다."[31]

페미니스트 종교교육에 관심이 있는 이들은 페미니스트 신학과 교육적 사역의 실천이 강력하게 결합된 레티의 업적에 주목해야 한다. 그녀는 폭넓은 교구사역과 대학에서의 교육을 자신의 학문에 가져와서 교육의 프락시스를 발전시켜서 우리에게 교회를 변혁할 수 있는 단서를 제공한다.

페미니스트적 접근

레티에 따르면 "기독교교육의 유일한 형태는 존재하지 않기 때문에"[32] "주 예수 그리스도에 대한 우리의 신앙과 우리가 살고 있는 세계에 대한 우리의 이해 사이에서 나누는 대화 과정에서" 비롯된다고 주장한다.[33]

> 나는 학습에서의 파트너십에 헌신한 기독교교육자로서 우리를 설명할 표현을 찾다가 교육사역(educational ministry)이라는 광범위한 표현을 활용하기로 결정했다. 교육사역은 상호성장과 하나님이 의도한 인류의 보다 완벽한 자기실현에 참여시키는 예수 그리스도의 이름으로 봉사하는 형식이다. 그 목표는 그리스도의 이름으로 봉사하고 하나님의 새로운 창조의 표지가 되려고 노력하는 사람들 사이에서 비판적이고 헌신적인 인식을 계발하는 것이다. 교육사역은 학습의 파트너십으로 사람들을 연결하는 방식을 취하는 것도 가능하다.[34]

레티는 서론에서 거론한 바 있는 페미니스트 교육의 요소들과 관련해서 여기서 논의하는 다양한 단서들을 활용해서 이 "가능성"을 설명한다.

삶과 경험의 통합

1990년 4월에 만났을 때 레티는 그림 한 장을 건넸다. "선교로 신학하기"라는 제목이 붙어있었는데, 자신의 신학적 참여의 나선(spiral of theological engagement)을 설명하려고 과거 몇 년 동안 강의에 활용한 그림이었다.[35] 나선은 교육과정으로, "해방을 위해 노력하는 특정 집단과 함께 … 창조를 개선하는 과제"에 헌신한 신학하기의 한 가지 방법이다.[36] 그녀에게 있어서 신학적 참여는 세계 안에서의 하나님의 활동과 주변부 사람들의 공동체에 대한 헌신에서 출발한다. 이것을 기초로 삼아 어느 곳에서든지 나선에 들어설 수 있다.

나선은 참여의 네 가지 운동들로 구성된다. (1) 어떤 세계관 안에서 우리의 경험, 그리고 투쟁과 헌신의 경험에 대한 공유와 이해, (2) 여성과 남성으로서의 우리 모습의 분석, (3) 성서 및 교회의 전통에 대한 질문의 제기, 그리고 (4) 사회적 변혁을 위한 대안의 창조. 네 번째 운동은 새로운 공유와 이해로 나가도록 우리를 자극한다. 그것은 "행위/성찰이면서 결코 결론에 도달할 수 없기" 때문이다. "오히려 그것은 새로운 질문을 교대로 제기하는 어떤 잠정적 실마리와 통찰로 안내한다."[37]

해방/페미니스트 신학과 일관된 레티의 과정은 개인적 경험과 함께 공동체의 투쟁 경험의 참여에서 출발한다. 경험을 공유하고 이해하는 과정에서 우리는 여성과 남성으로 스스로의 삶을 분석할 수밖에 없다. 그 경험을 고려하는 순간 우리는 성서적 해석과 교회의 전통이 우리의 현실에 어떻게 영향을 미쳤는지 확인하기 위해서 질문하기 시작한다. 우리가 질문하게 되면 현실을 형성하는 다양한 방식을 개발하기 시작하고, 그것을 통해서 사회적 현실을 위한 대안을 창조하게 된다.

공동체와 교육

페미니스트 교육은 신앙공동체의 생활 안에서 수행된다. 따라서 레티의 경우에 교회의 교육적 사역은 교회 전체의 삶 가운데 일부가 되어야 하고, 회중의 삶과 분리되면 안 된다.[38]

기독교교육에 대한 나의 논의는 실제로 교육이 전체 교회생활과 관련되어 있고, 그리고 그것이 증인 공동체의 맥락과 무관할 경우에 교육은 사라진다는 이런 전제에서 시작된다. 증인 공동체에서 발생하는 모든 것은, 그것이 성실하든 그렇지 않은 간에 구성원을 위한 기독교적 양육의 교육과정 가운데 일부이다. … 그리스도가 사람들을 함께 하는 삶을 통해서 양육하는 과정을 우리가 이해해야 한다면 기독교 공동체 안에서 일어나는 모든 것을 교육적 관점에서 바라보아야 한다는 가정이 성립된다.[39]

직접적인 공동체와 상황성

이 세 번째 요소를 통해 레티는 교육이 특정 상황에서 특정 사람을 대상으로 하는 상황적이라는 것을 분명히 지적한다. 교육은 일반적이지 않다. 여기에는 회중이 구입하고 그 상황에 적응할 수 있는 교육 자료에 필요한 의미를 내포되어 있다. 또한 그것은 해방교육이 사람들을 "대상으로 수행되는" 게 아니라 사람들 "안에서 수행된다"는 것을 시사한다.

해방신학자들의 상황적 방식은 교육에 있어서 아주 중요하다. 가르치고 배우는 데는 한 가지 방법만 있는 게 아니다. 예수 그리스도 안에서 지식과 믿음의 행위가 성장하려면 경험은 물론 내용이 필요하기 때문이다. 하지만 우리가 사람들이 처한 곳에서 시작해야 한다면 그들의 상황에서 복음의 메시지를 전달하려고 노력하지 않으면 안 된다.[40]

하지만 교육은 신앙공동체 역시 극복하지 않으면 안 된다. 공동체가 백인, 중산층, 또는 사회적 특권 집단일 경우에는 특히 그렇다. 피억압자나 주변부에 속한 이들에 대한 통찰을 포함시키려는 투쟁 역시 억압자에게 파트너십을 교육하는 상황의 일부가 되어야 한다.[41] 레티의 의견은 이렇다. "상황적이 되려면 지지하는 집단과의 깊은 연대감을 형성할 필요가 있다. 그리고 사회적 변화에 헌신하기 위해서는 자발적으로 어울려서 활동하고 신앙공동체에 참여하고 신학을 발전시키면서 투쟁해야 한다."[42]

언어

다른 페미니스트 교육자들처럼 레티는 언어가 사람과 하나님에 대한 이해를 형성한다고 생각한다. 그녀의 작품은 이따금씩 포괄적 용어로 인간을 규정하는 능력은 물론 "아버지"가 아닌 다른 방식으로 하나님을 부르는 것의 중요성을 강조했다.[43]

교사 – 학습자의 파트너십

레티의 교육 실천에서 교사는 제공자가 아니고 학습자는 수동적 수용자가 아니다. 오히려 교사와 학습자는 "스스로를 발견하는 세계와 더불어서(with which) 또 그 안에서(in which) 자신들의 존재 방식을 비판적으로 파악하는 능력을 계발한다. 그들은 세계를 정적인 실재가 아니라 과정 중에 있고, 변혁되는 실재로 인식하게 된다."[44] 그녀는 해방교육에 대한 이런 접근을 다음과 같이 소개한다.

그것은 공동체가 출애굽 여정을 함께 계속하면서 서로에게 배우는 집단적 방식에 교사와 학생 모두가 참여하도록 초대할 것이다. 하나님의 해방에 대한 경험은 세례의 물을 통과한 이들을 헌신하도록 만들고 "본받지" 않게 하고 "… 변화를" 받도록 투쟁하게 할 것이다(롬 12:2). 학습은 사람들이 자신들이 처한 상황에서 출발하지만 주변부에 머물고 억압받는 게 무엇인지 알고 있는 모든 이들의 통찰을 포함시켜서 노예의 대가와 자유의 선물을 더 잘 이해할 수 있게 노력하게 할 것이다. 비판적이면서 헌신적인 인식을 계발하는 과정에서 출애굽으로서의 교육은 사람들이 하나님의 계약과 언약에 속한 이들로서 회의와 신앙의 여정을 지속하게 할 것이다.[45]

페미니스트 교육은 한 사람이 다른 사람에게 해답을 제시할 수는 없어도[46] 사람들이 새로운 창조를 지향하는 여정에 나서도록 힘을 분배할 수 있는 질문을 제기하도록 격려하지 않으면 안 된다는 것을 인정한다.[47]

우리가 질문에 대답할 수 있는지의 여부와 무관하게 그것 자체가 중요하다는 것을 인정한다면 교사와 학습자로서 우리가 갖는 두려움과 무능함을 더 능력 있게 감당할 수 있다. … 질문을 제기할 수 있는 자유는 비판적 학습과 변화하는 세계를 충분히 이해하는 데 본질적이다. 학습에 있어서의 파트너십은 무식한 것처럼 보이는 것이나 집단적 거부를 두려워하지 않고 쉽게 질문하게 만들 때가 많다.[48]

여정에 나선 파트너가 되는 것은 타인과 우리가 지닌 질문과 대답을 공유하는 것이지만, 동시에 그것은 타인이 나름의 질문과 대답을 찾는 나름의 방법을 지니고 있는 유일한 존재로 소중하게 대하는 것이기도 하다.

이론과 실천의 통합

레티는 자신의 경험을 신학이나 실천이론과 통합하는데 일생을 바쳤다. 과거 미국 연합장로교교회에서 안수를 받은 최초의 여성 가운데 한 사람이었던 그녀는 새로운 사역의 위치를 주장했다. 그러면서도 그녀는 소외와 억압을 알고 있는 타자들이 둘러싼 사역의 현장에서 그것을 강조했고, 할렘에서 보낸 세월이 인생의 어떤 경험만큼이나 강력하게 그녀의 신학과 교육이론에 형향을 미쳤다. 최근에 그녀는 문화 속에서 그리고 해방의 신학을 위해 투쟁하는 여성들에 초점을 맞춰왔다. 제3세계 여성들과의 작업은 이스트할렘에서 사역을 시작한 사람에게는 당연한 지구적 확장처럼 보인다.

해방으로의 여정

해방교육은 피억업자, 집단, 그리고 비판에 집중하는 것을 비롯해서 해방신학자들과 동일하게 강조한다. 레티는 이렇게 썼다. "하나님이 우리의 파트너가 되기로 선택했듯이 다른 이들을 위해 우리를 자유롭게 만드는 상호 성장과 봉사의 과정을 통해서 파트너십을 자유롭게 선택하도록 다른 이들을 격려하지 않으면 안 된다."[49] 이것은 그녀에게는 간과할 수 없는 요소이다. "educare는 '이끌어내다'를 의미하는 것으로 이해할 뿐 아니라 여정으로도 간주할 수 있다. 그렇지만 해방의 프락시스로서의 교육은 그저 다른 사람들을 밖으로 이끌어내는 게 아니다. 자유를 주는 하나님의 운동의 일부로서 함께 나가는 것이다."[50]

권력의 문제에 대한 관심

레티는 신앙공동체 내부에는 모두가 평등하지만 은사가 다양하다는 것을 분명히 지적한다. 해방을 위한 교육에는 소명의 차이, 책임, 성숙, 지식 그리고 경험이 포함되지만 이것들 가운데는 영구적이거나 정적인 게 전혀 없다.

> 통전적으로 교육사역을 바라보면 기독교 공동체의 대안적 양식을 개발할 수 있는 기회를 갖게 된다. 어린이와 성인, 성직자와 평신도, 여성과 남성을 분리하는 교육과 목회활동을 극복하는 한 가지 방식은 교육사역이 하나님에게 속한 모든 사람들의 일이라는 개념을 중심으로 교회 생활을 구성하는 것이다. 그런 구조화는 불필요한 위계와 지배구조가 제거된 방식으로 은사를 활용하고 권력을 공유하는 것과 관계를 맺을 수 있다.[51]

그녀가 다양성 안에서 통일성을 다루는 방식은 "일시적 불평등"에 대한 기능적 이해를 제시하는 것이다. 이것은 다른 사람을 섬기려고 스스로를 비우는 자발적 태도를 통해 드러나지만, 자유의 상황 안에서 그리고 일시적 상황에 대한 이해를 통해서 수행된다.[52]

레티의 페미니스트적 유산

레티 러셀의 유산은 그녀의 관계만큼이나 폭넓고 학문만큼이나 깊다. 이 장은 주로 페미니스트적 종교교육의 접근에 대한 그녀의 공헌에 초점을 맞췄지만, 그것은 그녀의 교육과 학문의 일부에 지나지 않는다. 그녀의 작업은 아직 마무리되지 않았다. 레티는 페미니스트 신학과 종교교육에 대한 페미니스트적 접근을 계속해서 격려하고 우리들의 멘터로서 줄곧 지지를 보내고 있다.

나는 1990년에 학위논문의 작업을 위해 코네티컷을 방문해서 선구자와 멘터로서의 레티에 대한 가장 생생한 모습을 접할 수 있었다. 덕분에 나는 그녀의 집에 묵으면서 강의에 참석하고, 그리고 학술대회에 함께 참가했다. 레티와 지낸 첫날밤에 자리에 앉아서 연구에 대해서 대화를 나누었다. 나는 사역 초기, 활동한 내용이 출판되기 이전에 교구에서 형성되던 기간의 일을 물었다. 그녀는 벽장으로 들어갔다가 낡은 상자를 가지고 나타났다. 상자를 옆에 두고 바닥에 앉은 채 미 출간 연설문과 원고를 분류하기 시작했다. 그리고는 과거를 돌아보면서 내게 그것들을 건넸다. "여기, 도움이 될 만한 것은 가져가세요."

평생 사역을 하고 가르치면서 레티는 길을 이끌었을 뿐 아니라 하나님의 새로운 창조로 들어가게 도울 수 있는 것을 누구에게나 자유롭게 제공했다.

8장 주(註)

1. 나는 레티의 작업에 매료되고 감탄해서 파트너십과 기독교교육에 대한 시사점으로 나가게 되었고, 덕분에 박사논문의 주제로 삼게 되었다.

2. 저자와 레티 러셀의 대화(Guilford, Connecticut, April 1990).

3. Letty M. Russell, *Christian Education in Mission* (Philadelphia: Westminster Press, 1967), 9.

4. Letty M. Russell, "Team Ministry in the East Harlem Protestant Parish: An Adventure in Lay Ministry" (speech, n.d.: late 1960s), 1. Photocopy provided by Dr. Russell.

5. Letty M. Russell, Daily Bible Readings (New York: East Harlem Protestant Parish; 1960-68), published quarterly; Letty M. Russell, *Christian Education Handbook* (New York: East Harlem Protestant Parish, 1966).

6. Russell, *Christian Education Handbook,* 7.

7. Ibid., 4.

8. Letty M. Russell, "Changing My Mind about Religious Education," *Religious Education* 79 (winter 1984): 5.

9. Ibid., 10.

10. Ibid., 5-6.

11. Ibid.

12. 유일하게 가능한 예외는 형성의 차원이다. 비록 교육사역에서 유용한 이미지를 발견하지는 못했지만 그럼에도 불구하고 그리스어 어근 '오이코스'(oikos)는 하나님의 '가족'(oikonomia)에 초점을 맞춘 최근 연구에 중심이 되고 있다.

13. 특히 Letty M. Russell, *The Church in the Round: Feminist Interpretation of the Church* (Louisville, Ky.: Westminster / John Knox Press, 1993) 볼 것.

14. Letty M. Russell, *Christian Education in Mission*, 35. 러셀은 1970년대에 보다 포괄적인 언어로 변화를 시도하지는 않았지만, 초기 작품에서는 이따금씩 남성이 배제된 언어를 구사했다. 그녀가 보다 포괄적인 의도를 가진 것이라고 내가 간주하는 내용을 반영하기 위해서 변경한 낱말들에는 괄호표시를 해두었다.

15. Russell, "Changing My Mind," 6.

16. Letty M. Russell, "Tradition as Mission: Study of the New Current in Theology and Its Implications for Theological Education," (Th.D. diss., Union Theological Seminary, New York, 1969), 2.

17. Ibid.

18. Russell, "Changing My Mind," 6.

19. Ibid., 6-7.

20. 특히 Letty M. Russell, *Household of Freedom: Authority in Feminist Theology* (Philadelphia Westminster Press, 1987) 볼

것.

21. Russell, "Changing My Mind," 7.

22. Ibid. Letty M. Russell, *Human Liberation in a Feminist Perspective-A Theology* (Philadelphia: Westminster Press, 1974), 20 볼 것.

23. Letty M. Russell, "Partnership in Educational Ministry," *Religious Education* 74 (March-April 1979): 143; Letty M. Russell, Future of Partnership (Philadelphia: Westminster Press, 1979) 역시 볼 것.

24. Russell, "Changing My Mind," 7.

25. Ibid., 8. Letty M. Russell, "Handing on Traditions and Changing the World," in *Tradition and Transformation in Religious Education,* ed. Padraic O' Hare (Birmingham, Ala.: Religious Education Press, 1979), 73-86 역시 볼 것.

26. Russell, "Changing My Mind," 8. Letty M. Russell, *Growth in Partnership* (Philadelphia: Westminster Press, 1981), 72 역시 볼 것.

27. Russell, "Changing My Mind," 9.

28. Ibid.

29. Letty M. Russell, "Education as Transformation: Feminist Perspectives on the Viability of Ministerial Formation Today," *Ministerial Formation* 74 (July 1996): 23.

30. 러셀과 저자의 대화.

31. Thomas Groome, "Letty Russell: Keeping the Rumor Alive,"

Religious Education 77 (May-June 1982): 350.

32. Russell, *Christian Education Handbook*, 17; 역시 idem, "Changing My Mind," 5 볼 것.

33. Russell, *Christian Education Handbook*, 5.

34. Ibid., 143-44.

35. JoAnn DeQuattro, Rhonda Meister, Marjorie Yuite, and Judy Varghn, comps, *How To Skills with a Feminist Perspective* (National Assembly of Religious Women, USA, 1988)에서 발췌. 러셀이 제공한 핸드아웃. 1988년에 러셀이 수정해서 발췌함.

36. Ibid.

37. Letty M. Russell, ed., *Changing Contexts of Our Faith* (Philadelphia: Fortress Press, 1985). 103.

38. Russell, *Christian Education in mission*, 21-22; idem, *Growth in Partnership*, 58.

39. Russell, *Christian Education in mission*, 13.

40. Letty M. Russell, "Doing Liberation Theology with All Ages," *Church Educator* (February 1978): 4.

41. Russell, *Growth in Partnership*, 74.

42. Letty M. Russell, "How Do We Educate and for What? Reflections on U.S. Graduate Theological Education," *Journal of the Interdenominational Theological Center* 15(fall 1987-spring 1988): 39-40.

43. Letty M. Russell, "Power of Naming," Chapter 3, in *Household of Freedom*, 43-57 볼 것.

44. Paulo Freire, *Pedagogy of the Oppressed*, trans. Myra Berman Ramos (New York: Continuum, 1984), 70-71.

45. Russell, *Growth in Partnership*, 73-74. 역시 idem, "Partnership in Educational Ministry," 144 볼 것.

46. Letty M. Russell, "Education in Action," Manhattan College Magazine (December 1970): 3.

47. Letty M. Russell, "The Power of Partnership: Confonting Racism, Sexism and Classism in the Church" (speech given November 1982), 6-7.

48. Letty M. Russell, "Education as Exodus," *Mid-Stream* 19 (January 1980): 7.

49. Russell, "Partnership in Educational Ministry," 144.

50. Russell, "How Do We Educate?" 38.

51. Russell, "Partnership in Educational Ministry," 145. idem, *Christian Education in Mission*, 13; and idem, Growth in Partnership, 29 역시 볼 것.

52. Russell, *Growth in Partnership*, 79.

9장

마리아 해리스 :

미학과 에로틱 정의

쥬딧 도니(Judith A. Dorney)

내가 먼저 주목한 것은 그녀의 얼굴이었고, 다음은 회색 머리의 깔끔한 모자였다. 이어서 화려한 색상이 눈에 들어왔다. 그녀는 스커트에 진달래 핑크색 귀걸이를 하고 있었다. 마리아의 자그마한 체구는 역설적으로 이 우뚝 솟은 도시 한복판에서 그녀의 존재를 강조하는 것처럼 보였다. 우리가 포옹을 나누자 여성, 자매, 또 교사와 학생으로 "함께 하는 것"(coming together)이 주는 힘이 느껴졌다.[1] 소중한 친구와 다시 함께했다.

그날 아침에 나는 뉴팔츠를 떠나 뉴욕으로 가서 마리아 해리스와 그녀가 평생 연구한 것을 놓고 대화를 나누었다. 이미 보스턴칼리지에서 두 번의 여름학기에 종교교육을 수강했기 때문에 마리아는 15년 이상 나의 스승이었다. 맨해튼에서 이렇게 다시 만나기 4년 전에 나는 동료로서 그녀와 마지막 작업을 했다. 우리는 뉴욕의 어번(Auburn)신학대학원에서 "여성을 가르치는 여성"이라는 주제로 한 주간 동안 워크숍을 진행했는데, 각자 연구를 진행하다가 모두 그 주제에 빠져들게 되었다.

이번 만남의 장소가 뉴욕이었던 것은 우연이 아니었다. 그곳은 마리아가 종교교육이 무엇이고, 동시에 그것이 어떻게 수행되는지에 대한 감각을 배양하고 영향을 받은 곳이었다. 뉴욕대학이 제공한 그녀의 아파트는 세계 사람들의 교차로에 해당하는 워싱턴스퀘어의 끄트머리에 있었다.

마리아는 현재 이 대학에서 종교교육을 가르치는 방문교수이고, 그녀의 사랑하는 남편 개브리얼 모런(Gabriel Moran)이 전임교수로 있다.

장소와 시간: 마리아와 종교교육 현장

마리아는 로마 가톨릭 신자이다. 그녀는 자신이 "키가 작아서 체질상 가톨릭신자"라고 말한다.[2] 그녀의 이해력, 상상력, 정신과 마음은 "본질적으로 성례전적이고, 본질적으로 공동체적"이다. 그녀에게 이런 전통은 자신의 선택과 무관했다. 그녀와 가톨릭은 결코 분리될 수 없다.

성례전적이고 공동체적인 가톨릭 신앙의 이런 차원들이 마리아의 저술과 교육에 핵심을 점유하지만, 가톨릭 신앙은 종교교육이라는 더 넓은 영역에서 마리아의 특정 시공간을 규정하는데 중요한 역할을 담당한다. 종교교육협회가 1903년에 조직되었음에도 가톨릭에 속한 그리스도인들은 1950년대까지 이 나라의 종교교육운동에 거의 참여하지 않았다.

마리아는 1952년에 공식적으로 종교교육을 가르치기 시작했는데, 가톨릭신자들이 종교교육협회에 더 많이 참여하던 시기와 거의 같은 무렵이었다. 초등학교 학생을 가르치기 시작했을 때 마리아는 세인트조셉수녀회(Sisters of St. Joseph)라는 종교공동체의 일원이기도 했다. 그녀는 음악을 가르쳤다. 음악은 평생의 열정이었고 종교교육을 이해하는데 상당한 영향을 미쳤다. 음악에 대한 애정과 가톨릭 예배에서 차지하는 비중 때문에 마리아는 종교교육이 학교수업만이 아니라는 것을 일찍이 깨달았

다. 예전, 공동체, 설교, 그리고 예배 역시 종교교육에 필요한 커리큘럼이다.[3]

1960년대 제2차 바티칸공회가 주도한 급진적인 예전과 교회생활의 변화는 뉴욕의 유니언신학대학원과 컬럼비아사범대학원 박사과정에 재학 중이던 마리아에게 흥미롭고 개혁적인 지형을 제공했다. 유니언신학대학원은 오늘날 뉴욕대학처럼 다차원적이고, 에큐메니칼한 배경의 학생과 교수진으로 구성되어 있었다. 이런 환경은 다른 사람들의 종교관, 특히 개신교인과 유대인의 종교를 파악할 수 있는 도구가 되었다. 마리아는 박사과정에서 종교교육의 의미를 아주 의도적으로 재구성하게 되었다. 그녀가 시도한 재구성에는 종교교육이 발생하는 장소와 방법 – 그녀의 경우에는 미학 – 에 관한 경험에 근거한 이해를 포괄했다. 또한 그것은 종교적으로 교육하는 커리큘럼의 수준에 대한 깊은 이해, 에큐메니칼 대화의 인식, 그리고 정의를 위한 교육이 어떻게 모든 종교교육을 구성하는 요소가 되는지에 관한 확실한 규명과 관련이 있다.

이런 이해는 매사추세츠주 뉴턴센터의 앤도버뉴턴신학대학원에서 21년간(1975-1986) 교수직을 유지하는 동안 확대되었다. 그녀는 그 학교에서 세 명의 여성 중 하나였고 로마 가톨릭신자로는 유일하게 전임교수였다. 게다가 마리아의 존재를 구성하는 이런 본질적 요소들은 제도권 신학대학원에서 환영과 존경을 받더라도 그녀를 외부자로 만들었다. 동시에 그것들은 교회 내 권력의 역학에 대한 비판의식과 함께 종교교육의 담론과 행위에서 주목받지 못하는 것에 대한 특별한 감수성을 기르게 했을 것이다.

오스트레일리아, 버뮤다, 뉴질랜드, 한국과 같은 해외에서 가르친 경험을 계기로 종교교육이 모든 사람들이 종교의 존재를 존중하고 그들 가운데서 확대하는 것이라는 그녀의 관점이 계속해서 짙어지고 있다. 그리고 이런 국가들에서의 활동 덕분에 우리의 종교 전통을 제대로 이해하기 위해서는 타인들의 종교 전통을 공부하는 게 필수적이라는, 삶의 경험에서 비롯된 그녀의 생각이 강화되고 있다.

마리아는 종교교육 분야에서 활동하는 것을 간단하지 않게 생각한다. "우리는 이 20세기에도 여전히 종교교육의 분야가 무엇인지에 대한 어느 정도의 이해에 도달하려고 애쓰고 있다." 그녀는 현재 그 분야를 정의하는데 기여하는 세 가지 관점들을 거론했는데, 앞의 두 가지는 개브리얼 모런의 도움을 받아서 정리했다.

첫 번째 관점은 사람들이 특정 종교의 전통에 참여하도록 교육하는 게 종교교육이라는 것이다. 그것은 이야기, 전통, 의식을 전달하는 일이다. 둘째, 종교교육은 종교적 이해를 배양하려는 의도는 갖고 있다. 이 관점은 다양한 종교들을 공통적인 측면과 각자의 고유한 이야기를 통해 심도 있게 파악하기 위해서 윤리적 관점들, 하나님과 성스런 이야기에 대한 이해, 그리고 신비적 요소들에 관한 다양한 종교적 전통의 교훈을 적극적으로 평가하고 의지한다. 세 번째 관점을 자세히 설명하기 위해서 마리아는 모든 교육은 본질적으로 종교적이라고 간주한 알프레드 화이트헤드 (Alfred Whitehead)를 언급했다.[4] 즉, 모든 교육 안에 존재하는 심오한 차원을 존중하면서 가르치는 것은 종교적으로 교육하는 것이다.

마리아는 이 세 가지 관점을 모두 구체화하는 작업에 상당 부분 관여했다.

마리아의 교수와 저술

마리아가 교수와 학자로 공헌한 것을 거론하기에 앞서 그녀의 작품 가운데서 세 가지 핵심 주제 또는 모티브를 확인하는 게 적절할 것 같다. 첫째는 심리학적 통찰이다. 둘째는 정의에 대한 열정적인 추구이다. 마리아의 작품 중앙에는 정의롭고, 인정 많고, 그리고 사랑 넘치는 관계의 설정이 자리 잡고 있다. 이것은 그녀가 영적 및 종교적 성장의 종교 간, 또는 생태적 성격을 강조하는데 근거를 제공하는데, 종교교육 분야에 도전이 될뿐더러 종교교육을 정의하는데 성찰을 요구한다.

세 번째 주제는 언어이다. 「교육목회론」(Fashion Me a People)에서 마리아는 이렇게 피력한다. "나의 직접적인 교육사역은 새롭게 말하는 법을 찾아내는 시도이다. … 우리의 사역을 서술하려고 사용하는 언어는 우리가 시도하고 있는 것을 지원하거나 약화시킬 수 있는 상당한 능력을 지니고 있기 때문이다."[5] 마리아의 언어는 종교교육이라는 사역의 상상력이 넘치고 본질적인 시발점을 제공하는 예술적 언어이다. 그녀의 시적 언어는 다른 주제와 관련이 있어서 심리학적 통찰과 정의에 대한 관심을 드러낸다.

마리아의 교수

마리아는 교사이다. 스스로를 "체질상 가톨릭신자"로 간주하면서도 "체질상 교사"라는 표현도 사용했다. 처음에 마리아는 초등학교 학생을 가르쳤지만, 박사학위를 취득한 이후로는 브롱스의 포덤대학에서 가르쳤고 앤도버뉴턴신학대학원에서 종교교육을, 그리고 클리블랜드의 존캐럴

대학에서는 종교학(interreligious studies)을 강의했다. 그녀는 다양한 대학, 즉 보스턴칼리지, 페어필드대학(코네티컷), 라살 그리고 빌라노바 대학(펜실베이니아), 덴버의 레지스대학, 그리고 샌타클라라대학(캘리포니아), 뉴욕과 뉴저지의 프린스턴, 유니언, 이매큐럿컨셉션(Immaculate Conception)신학대학원의 여름학기나 특별과정에서 가르쳤다. 마리아는 시카고의 로욜라대학에서 체류학자를 지냈고 버지니아주 앨리젠드리아의 성공회신학대학원, 인디애나주의 세인트메리스칼리지와 노르데임 대학, 그리고 피츠버그신학대학원에서는 연속강좌를 담당했다.

이와 같은 기록은 가르치는 게 마리아 해리스의 삶에 중요한 일부였다는 사실을 보여준다. 하지만 그녀가 솔직하게 말하듯이 그것은 그 이상이었다. 그녀는 가르치는 것 자체였다.

나는 마리아의 지도를 받으면서 처음 만났는데, 강렬한 만남이었다. 10년 가까이 고등학교 교사를 자청하던 나는 1979년 여름 보스턴칼리지에 개설된 "미학과 종교교육"이라는 과목을 수강했다. 나는 이미 괜찮은 교육적 감각을 타고 났다고 생각했고 실제로 학생들을 돌보고 있었지만, 마리아의 강의에 참석하자 교사가 되고 싶었다. 나의 바람은 그녀의 에너지, 정신, 그리고 열정과 불가분 연결되어 있었는데, 이 모두 그녀가 강의 내용을 구성하는 방식에 따라서 구체화되었다. 오드르 로드(Audre Lorde)는 우리 내부의 에너지와 열정을 존재의 중심에 있는 감정, 지식, 그리고 능력의 가장 깊은 원천과 연결한다. 로드는 그것을 에로틱한 것, 즉 "영적인 것과 정치적인 것"의 결합으로 간주한다.[6]

마리아는 자신이 가르칠 때 간과할 수 없는 요소 가운데 하나가 교사와 학생의 관련성이라고 지적한 바 있다. 그녀는 이렇게 피력한다. "대부분의 경우에 우리는 서로 묻는다. '당신의 삶에서 나는 무엇을 얻을 수 있는가?"[7] 이것은 실제로 관계적 질문이다. 그 질문은 가르치면서 맺어지는 관계는 교사의 인격으로부터 믿을만하고, 진리를 말하고, 사물의 본질을 드러내는 무엇인가를 확인하려는 학생의 바람, 또는 심지어 일종의 욕구까지 포함한다는 것을 인정한다. 교사의 인격이 바로 진정한 교사라고 마리아는 주장한다. 하지만 교사와 학습자는 내용으로 하나가 된다. 그렇게 해서 그 관계는 소재와의 연결을 포함하는 수준으로 확대된다.

교사는 커리큘럼이기도 하다. 마리아는 "가르치는 것은 내용을 구성하고, 형성하고 또 구체화하는 다양한 방법을 통해서 내용을 육화하는 것(incarnation)"이라고 단언하면서 그렇게 주장한다.[8] 따라서 가르치는 것은 교사의 인격이지만, 교사는 또한 학습자와 교사를 하나로 만드는 소재에 대한 애정 덕분에 형태를 갖추게 되었다. 교사는 소재에 개별적이면서 공적인 형식을 부여하고, 그렇게 함으로써 가치 있는 것을 드러낸다. 교육학자 파울로 프레이리(Paulo Freire)는 "증언"(bearing witness)의 다섯 가지 요소 가운데 하나인 낱말과 행위 사이의 이 "일관성"(consistency)을 거론한다.[9] 가르치는 것은 낱말에 육체를 부여하는 행위이다. 그것은 부분적으로 가르치는 것을 거룩하게, 그리고 결국에는 정치적으로 만든다. 이 일관성이 마리아의 가르치는 행위의 핵심이다. 또한 그것은 그녀의 저술에 진정성을 부여하기도 한다.

마리아의 저술

마리아는 자신이 속한 분야에 다작을 해서 기여했다.[10] 종교교육이나 소녀와 여성의 영적 발달에 관한 그녀의 작품은 미국여대협회, 여성의 심리와 소녀의 발달에 관한 하버드 프로젝트, 그리고 웰슬리여성연구소(Wellesley Center for Research on Women) 같은 단체들이 수행한 현재의 발달 및 교육적 연구를 연결한다.[11] 그녀는 자신의 저서에서 종교교육과 심리적 발달 사이의 경계를 허물고 전인적이면서 치유적인 교육적 관점을 제시한다. 이것은 마리아의 작업과 종교와 영적 발달에 대한 그녀의 통찰력에 결국 한층 더 많은 사람들이 귀를 기울이도록 만들었다.

가령, 「여성과 교수」(Women and Teaching)에서 마리아는 소녀와 여성의 교육을 진지하게 다루는 교육학에서 간과할 수 없는 다섯 가지 주제들, 즉 침묵과 기억, 애도하는 의식, 예술적 기교, 그리고 출산을 소개한다. 나는 이런 주제들을 교사모임의 퇴수회 활동을 위한 기초로 활용하면서 참여자들이 각각의 주제를 가지고 작업할 때(커리큘럼에서 침묵을 확인하고, 고통과 자유의 위험한 기억을 회상하고, 알고 있는 것에 이름을 붙이고 그리고 그것이 교육적인 예술적 기교를 위한 도구로 어떻게 기능하는지 확인하는 작업) 감동을 받는다는 것을 확인했다. 이런 주제들을 탐구하면서 교육자들은 가르치는 것과 함께 학생이나 동료와의 관계에 대한 기존의 접근에 도전했다. 변화의 중심에 분노, 슬픔, 그리고 관대함과 같은 감정을 사람들이 파악하는 방식과 통합하는 능력이 자리 잡고 있다. 이 과정은 종종 학생들의 모든 지식을 진지하게 대하고 충분히 발전시키는 것을 격려하는 방식으로 커리큘럼과 교실이라는 공적 공간을 재구성하기도 한다. 침묵부터 출산까지 마리아가 제시하는 주제들은 이 변혁적 작업에 필요한 심리적 틀을 제공한다.

「영의 춤」(Dance of the Spirit)과 「희년의 시간」(Jubilee Time)에서 마리아는 여성의 영적 발달에 대한 탐구를 확대하는데, 후자는 "희년," 즉 50세 또는 그 이상의 연령에 속한 여성들에게 집중한다. 그녀는 다시 성찰과 성장을 위한 주제들을 제시하는데, 「여성과 교수」에서처럼 이런 주제들은 여성의 정신은 물론 종교적 경험과 공명한다. 예컨대, 「영의 춤」에서 마리아는 "각성"(wakening)이라는 주제에서 시작하면서 이 경험을 서양과 동양의 영성과 함께 감각적이고 신체적인 인식과 결합시킨다. 몸에서 시작하는 것은 여성이 자신의 지식에 가치를 부여하고 영적 성장의 기반으로 사용하도록 돕는 강력한 방법이다.

마리아는 「교수와 종교적 상상력」(Teaching and Religious Imagination)의 한 대목에서 영적인 것과 심리적인 것을 결합하는 자신의 능력에 관한 단서를 제시한다. 그녀는 학생에게 중요한 학습경험을 제공할 수 있는 교사는 인생의 진리에 다가서고, 또 그 진리가 학생의 목적이 되게 하는 방법을 발견한 것이라고 주장한다. "모든 동화작가, 모든 심리학자, 모든 무당, 랍비 그리고 구루는 당신이 현실이라는 한 가닥의 실이라도 집어 들고서 끝까지 따라가기만 하면 그것이 우주의 중심으로 인도하리라는 것을 알고 있다."[12] 여기서 암시하는 것은 교사가 이 실을 잡기 위해서는 그것을 구분해낼 수 있어야 한다는 것이다. 따라서 교사의 생활경험은 종종 무의적이기는 해도 커리큘럼의 형식과 내용을 형성하는 데 결정적이다.

이 대목에는 가르침으로 형성된 관계가 커리큘럼으로서 갖는 중요성에 관해서 마리아가 제시하는 개념과 상당 부분 결합된 탁월한 지혜가 드러나 있다. 나는 마리아에게 직접 한 가닥의 실이라고 생각하는 게 무엇인지 물었다. 우주의 중심과 결합되었다고 생각하는 진리는 무엇인가? 그녀는 여덟 살 때 가족에게 닥친 엄청난 상실이었던 아버지의 죽음을 예로 들었다. 그녀는 고통을 통해 고통이 인간의 조건 가운데 일부라는 것을 깨달았다. 그녀는 이렇게 설명했다. "나는 절뚝거리지 않는다. 걸을 때는 곧장 걷는 것처럼 보인다." 그녀의 음성이 부드러워졌다. "하지만 나는 절뚝거리고, 다른 사람들도 마찬가지다."

그녀는 이렇게 덧붙였다. "동시에 나는 사랑받고 있다는 아주 놀라운 경험을 했다. … 나는 사랑받는 게 무엇인지 알고 있다." 자신의 삶을 지탱하고 빛내준 관계를 거슬러 올라가면서 그녀는 가족과 친구들을 거론했고, "성례전"이라고 부르는 사랑을 경험하게 한 상대인 개브리얼로 명단을 끝냈다.

내가 처음에 제기했던 질문으로 다시 돌아와서 마리아는 자신의 생각을 이렇게 정리했다. "우주의 중심에서 우리가 발견하는 것은, 우리가 운이 좋으면 고통과 상실과 슬픔 … 그리고 사랑을 발견하게 된다는 것이다." 이것이 그녀가 종교교육자로서 시도하는 작업의 중심에 놓여있는 실이고, 그것이 바로 가톨릭 그리스도인의 경험 가운데서 그녀가 발견하는 실이다. 마리아는 이것을 직접 언급했다. "어쩌면 나는 종교교육자가 되기에 적합할 수 있다. 내가 속한 전통의 위대한 신화체계는 내가 소유한 경험과 그대로 공명하는 고통과 죽음과 부활의 신화이었기 때문이다."

「교수와 상상력」과 「교육목회론」에서 그녀는 '종교적'(religious)과 '교육'(education)이라는 용어의 좁은 의미를 비판하면서 광범위하고 대담한 교육적 관점을 제시한다. 전자의 경우에 마리아는 교수의 신학(theology of teaching)을 전개한다. 이 신학은 마리아의 주장에 따르면 예술, 정서, 과학, 그리고 정치적인 것과 결합된 상상력에 뿌리를 내리고 있다. 그녀는 인간의 경험을 구성하면서도 이질적으로 보이는 이런 요소들을 하나로 결합해서 간극을 가로지르는 다리를 제공하고 또 전인적인 교육적 관점을 제시한다.

마리아는 종교와 상상력이 서로에게 알려주는 방식을 거론하고 교수의 언어를 파고든다. 그녀는 신비의 존재와 능력, 누미노제, 신비, 그리고 규율을 따르는 공동체를 탐구한다. 그 때문에 종교적 상상력을 교수의 행위와 관계에 필수적인 것으로 고려하도록 격려한다. 게다가 교수 자체를 신성한 일로 받아들이는 것을 지지하면서 이 소명에 내재하는 예언자적 잠재력과 "존재론적 애정"(ontological tenderness)을 파악하도록 가르치는 이들에게 유용한 주제를 의도적으로 제시한다.

교육학자 데이빗 퍼플(David Purpel)은 「교육의 도덕과 영적 위기」 (The Moral and Spiritual Crisis in Education)에서 이렇게 비판한다. "우리 〔문화의〕 위기는 … 중대한 다양성, 다원주의, 회의의주, 독단주의, 그리고 심지어 허무주의라는 상황 속에서 생동감 있고, 진실하고 활기를 불어넣는 의미 있는 관점을 형성하는 것을 어려워하는 것〔이다〕."[13] 그는 교육자들은 학생들이 더 큰 문화로부터 주어지는 메시지를 해석하고 자신감을 잃지 않게 지켜줄 의미를 발견하거나 만들어내도록 개별적으로나 공동체적으로 노력하지 않으면 안 된다고 덧붙인다. 비판적으로 해석하고 의미를 만들어내는 이런 능력은 교사들에게 다른 이들의 안내자 구실을 하도록 우리가 기대할 경우에 분명히 그들에게 길러주어야 하는 능력이다. 데이빗 퍼플이 제기한 사회적 요구와 교사들이 모르는 것을 가르칠 수 없다는 인식을 근거로 교사의 종교적 상상력을 자극하라는 마리아의 주장은 교사의 발전을 위한 방향을 제시한다.

교회공동체와 함께 사용하도록 기획된 「교육목회론」에서 마리아는 커리큘럼의 의미를 설명하면서 교회에서 종교적으로 교육하고 또 그에 상응해서 교회를 교육하는 상이한 커리큘럼의 형식에 관한 신학적 관점을 제시한다. 이런 커리큘럼에는 코이노니아(공동체), 레이투르기아(기도), 디다케(교육), 케리그마(선포), 그리고 디아코니아(봉사)가 포함된다. 그녀는 봉사의 커리큘럼인 디아코니아를 최종 분석하면서 정의에 대한 헌신을 종교교육의 핵심요소로 제시한다. 그녀는 타자는 물론 자신에 대한 순수한 열정과 무관하고 "문제발생, 권력분배" 그리고 변화를 위한 공적 행위에 관심이 없는 봉사의 개념들을 비판하면서 시작한다. 계속해서 디아코니아의 중요한 형식들(사회복지, 사회적 권력분배, 그리고 사회법률)을 거론한다. 마리아는 덧붙여서 이와 같은 봉사나 정의로운 행위가 공동체는 물론 개별적이어야 하고 인간과 비인간을 동일하게 돌보는 것이 되어야 한다고 주장한다.

「희년을 선포하라!」(Proclaim Jubilee!)에서 마리아는 레위기(25:8-10a)에서 이끌어낸 21세기의 영성을 제시한다. "여호와 앞에 안식하게 하라"는 충고이다.

> 너는 일곱 안식년을 계수할지니 이는 칠 년이 일곱 번인즉 안식
> 년 일곱 번 동안 곧 사십구 년이라 일곱째 달 열흘날은 속죄일이
> 니 너는 뿔나팔 소리를 내되 전국에서 뿔나팔을 크게 불지며 너
> 희는 오십 년째 해를 거룩하게 하여 그 땅에 있는 모든 주민을 위
> 하여 자유를 공포하라 이 해는 너희에게 희년이니

마리아는 이 명령과 관계된 것들을 일일이 검토하면서 용서, 땅 전체에 대한 자유의 선포, 그리고 희년의 정의 같은 주제들을 내용에 포함시킨다. 생태학과 종교대화에 대한 그녀의 관심은 독자에게 "그 땅이 쉬어 안식하게" 하라는 격려에 중심이 된다. 마리아는 "그 땅"이 두 가지 지형을 가리킨다고 지적한다. 첫째는 실제 토지, 지구, 행성이다. 둘째는 몸, 우리의 몸과 타인의 몸의 영역이다.

희년 정신으로 강화된 지구와의 경건한 관계를 설명하면서 마리아는

여러 음성들이 제시하는 지혜를 활용한다. 그것들 가운데는 스쿼미시 시애틀(Squamish Chief Seattle)과 체코공화국 대통령 바츨라프 하벨(Vaclav Havel)은 물론이고 시인 제라드 홉킨스(Gerard Manley Hopkins)와 회화에 관한 17세기 중국의 「개자원화전」(Manual of the Mustard Seed Garden)이 있다. 이 음성들을 하나로 엮으면서 이렇게 설명한다.

> 이 조언의 영적 전제는 … 인간들은 세계나 그들을 닮은 것과 상
> 호적 관계에 놓여있고, 모든 세계는 영과 존재, 누미노제와 성스
> 러운 것으로 넘쳐난다는 것이다. 그러니 그것을 존중하고 존경해
> 야 한다.[14]

인간이 아닌 것과의 연계에 관한 의식을 강조하는 마리아는 다양한 종교의 전통을 참조하면서 종교간 대화를 치밀하면서도 단호하게 강조한다. 용서에 관한 장에서 그녀는 기독교, 유대교, 그리고 이슬람교를 언급하는데, 이 종교들은 저마다 신을 용서하는 존재로 간주한다. 그녀는 용서에 대한 다양한 해석들을 밝히는데 도움이 되는 로마 가톨릭 수녀 헬렌 프리진(Helen Prejean), 현대 유대 철학자 한나 아렌트(Hanna Arendt), 그리고 중세 유대 철학자 마이모니데스(Maimonides)의 저서를 활용한다. 결국 그녀는 보편적으로 보이는 것, 즉 갈등, 도전, 그러면서도 용서의 필요성을 인정한다. 마리아의 작품을 풍요롭게 만드는 중요한 부분은 이렇게 다양한 전통과 종교간 이해를 하나의 전체적인 대화로 엮어내는 순간 출현하는 다채로운 구조 안에서 드러난다.

그녀의 노력은 종종 종교간 대화 의식의 고양으로 나타나기도 한다.

마리아는 자신의 발표에 참석한 한 여성이 유대인의 종교전통을 다양하게 거론한 것을 지적하면서 유대인인지 질문했던 일화를 즐겁게 소개했다. 종교간 이해를 추구하는 그녀의 작업은 전통적인 학교의 학급에 관용과 이해를 위한 교육을 불어넣는 교육단체(Facing History and Ourselves)로부터 인정을 받고 있다.

페미니스트 주제와 마리아의 유산

독특한 방식으로 페미니스트 관점과 공명하는 마리아가 종교교육에 공헌한 것은 공동체가 "교육사역의 출발점"이라는 주장이다.[15] 마리아의 접근이 갖는 장점은 기독교 공동체의 기초로 간주하는 형식들인 교구와 가정에서 공동체의 발전을 조장하는 독특한 커리큘럼 도구를 제공한다는 것이다. 「교육목회론」에서 그녀는 포섭, 리더십, 그리고 봉사활동을 교구의 과제로 서술하는 반면에 존재, 이해력, 그리고 책임감을 가정 사역으로 정의한다. 마리아는 공동체의 필수적인 커리큘럼을 확인하면서도 교육적 형식으로서의 공동체가 구성원들, 그리고 결국에 가서는 더 커다란 지구공동체를 어떻게 책임지고 떠맡아야 할지 소개한다.

마리아가 사용하는 시적 언어는 상상력을 활용하는 종교교육의 새로운 방법을 제공한다. 예컨대, 「여성과 교수」(Women and Teaching)에서 침묵으로부터 출산까지의 단계들처럼 그녀의 저서들을 관통하는 주제는 실제적이고 생생한 경험을 규정할 뿐 아니라 은유를 유발한다. 그녀의 작업은 여성들에게 특히 민감한 방식으로 발전해왔는데, 이는 그녀의 언어와 종교 및 영적 차원에 대한 구상이 여성들의 삶에 대한 실상을 다시 거론하기 때문이다. 나이든 여성들과의 마리아의 작업은 노인차별이라는 사회의 부정의와 나이든 여성의 실제 생활에 대한 감수성을 잘 보여준다.

마리아는 명시적으로나 암묵적으로 권력의 관계를 거론한다. 그녀는 이것을 불의의 문제와 소외된 이들에 대한 관심을 가지고서 수행하는데, 교회일치운동과 생태학적 관심 안에 분명하게 초점이 드러나 있다. 최근의 저서에서 그녀는 이미지, 시각적인 것, 즉 보거나 마음의 눈으로 그려낼 수 있는 것에 초점을 맞춘 이전의 작업을 비판하면서 구사하는 언어를 변경했다. 그렇게 함으로써 마리아는 관계의 근본적인 재구성, 즉 "강한 경청"(thick listening)에 근거한 것을 제시한다. "소리나 소리의 결여," 언급한 것과 그러지 않은 것, 말하는 사람과 침묵하는 사람에 대한 이런 관심은 관계를 평가하고 위계의 형태와 가부장적 권력의 형식에 도전하는 그녀의 지침이 된다. 관계를 교육하는 과정에서(다시 말하지만, 학교 수업에 국한되지 않는) 이런 유형의 경청은 다른 이들의 지식을 진지하게 받아들이는 것과 각 사람이 교육적 만남에 제기하는 게 각자 기반으로 삼게 되는 지식이라는 것을 인정하도록 요구한다. 이와 같은 접근은 상호성을 형성한다. 각자의 출발점과 성스런 지식을 "출산하는" 능력에 대한 진정한 존경을 목표로 삼고 있기 때문이다.

마리아는 이렇게 피력했다. "페미니즘은" 우리가 늘 서있는 곳에서 말하는 "이해를 위한 … 촉매제 구실을 해왔다." 마리아는 오늘날 자신이 "백인, 노인, 상류계층, 고학력, 특권층에 속한 사람"으로서 발언한다고 분명히 밝힌다. 그녀는 사회적 위치를 감안할 때 자신의 작업 대부분이 "계층 편향적"이라고 인정한다. 사회적 위치가 권력과 어떻게 맞물려있는지 확인하고 인정하는 능력은 그녀가 스스로를 종교교육자로 자각하는 데 있어서 결정적이다. 이런 의식은 개인으로 하여금 지식과 위안이 자리 잡고 있는 곳을 파악하고 당연하게 간주하는 관점에 도전할 수 있게 한다. 그것은 마찬가지로 타인들에 대한 동일한 유형의 인식을 조장한다. 오늘날 이런 구별을 정치적 정당성에 대한 피상적인 인사치레로 간주하는 이들이 많지만, 마리아의 작업을 통해서 이런 인식은 점점 더 정제되고 불의를 규정하고 행동하는 지속적인 시도와 관계에 더 큰 반응을 이끌어내는 촉매제가 되고 있다.

「희년을 선포하라!」에서 마리아는 희년에 정의가 요구된다는 것을 지적한다. "누구에게 속한 것인지 확인해서 돌려주라!"[16] 이 임무에 대한 응답 가운데 일부는 우리가 누구인지, 어디에 서 있는지, 누가 우리와 함께 있는 게 아닌지, 그리고 어떤 차이가 우리가 함께 서있는 것을 가로막는지 파악하는 것과 무관하지 않다. 이런 형태의 권력 분석은 잃어버린 것을 식별할 수 있는 가능성을 높여 주고, 그러면 희년의 정의를 구축할 수 있는 기회가 강화된다.

「희년을 선포하라!」의 마지막 장 "새 노래를 부르라: 환희의 송가"에서 마리아는 히브리어 요벨(yobel)이 희년에 적합한 기본적인 낱말로 빈번하게 해석되었다는 것에 주목한다. 요벨은 "공공 경기장에서 부는 숫양의 뿔이나 트럼펫"을 가리킨다.[17] 마리아는 당연히 이 저서를 다른 것들 가운데 음악을 뜻하는 낱말로 끝맺고 싶었을 것이다! 음악은 종교교육에서 그녀가 선호하는 미학적 양식이고, 또 그것은 스승인 그녀에 대한 내 기억의 일부이기도 하다. 첫 학기에 마리아의 강의에 참석한 어느 날 그녀는 피아노에 앉아서 발성훈련을 받지 않은 한 무리의 학생들이 힘차게 종교음악을 연주하도록 이끌었다.

음악에 대한 존중과 열정을 갖게 된 것은 그녀의 부모가 결혼한 순간에 비롯되었다. 아버지 에드워드는 어머니 메리에게 스타인웨이 소형 그랜드피아노를 결혼선물로 주었다. 이 피아노 선물 덕분에 어머니는 "언제나" 연주와 노래를 할 수 있었고, 마리아 역시 다섯 살부터 따라하게 되었다. "어머니의 집에는 음악이 있었다"고 그녀는 말했다. "어머니 안에 음악이 있었다. 그래서 이런 슬픔을 겪었다."

이 일화는 마리아가 미학과 처음으로 관계를 맺게 된 사연을 소개하지만, 동시에 일찍 깨달은 고통과 사랑이라는 주제와 그녀를 연결한다. 로마 가톨릭교회의 종교 전통을 고수하는 이런 사랑과 지식은 마리아의 저서에서 계속 진화한다. 종교교육의 분야와 페미니스트 관점에 대한 마리아의 유산은 어머니의 집에서 시작되어 각별히 주목할 만하면서도 슬퍼 보인다.

몇 차례 대화를 나누는 동안 마리아는 자신이 "늙었다"고 말했다. 그녀의 말을 부정하고 싶지는 않았다. 어쩌면 그녀는 그것을 권력의 말, 즉 수용되면서 환영받는 말로 만들려고 애쓰고 있었는지 모른다. 때문에 나는 작가 마리아가 「희년의 시간」에서 자주 거론하는 메이 사튼(May Sarton)의 「작은 방」(The Small Room)의 한 장면으로 돌아간다. 거기에는 교사 루시와 캐럴 간의 마지막 대화가 나온다. 그들의 시대가 모두 끝나고 헤어질 준비를 하면서 캐럴은 "너무 늙었다"고 말한다. 루시는 새로운 해석을 제시하면서 캐럴이 "너무 완벽하다"고 말을 건넨다.[18]

마리아 해리스는 늙었다와 완벽하다는 이 두 가지 낱말들이 어떻게 결합될 수 있는지 보여주었다.

9장 주(註)

1. 여성의 구속에 대한 논의를 위해서는 Maria Harris, *Dance of the Spirit* (New York: Bantam Books, 1989), 189-92를 볼 것.

2. 이 인용과 이 장에서 거론하지 않은 또 다른 인용은 마리아 해리스와의 1996년 6월 7일 인터뷰(New York City)에서 발췌함.

3. 이런 개념들에 대한 전체적인 모색은 Maria Harris, *Fashion Me a People* (Louisville, ky.: Westminster/John Knox Press, 1989) 볼 것.

4. Alfred North Whitehead, *The Aims of Education* (New York: Macmillan Co., 1929).

5. Harris, Fashion Me a People, 40.

6. Audre Lorde, "Uses of the Erotic," in *Sister Outsider* (New York: Crossing Press, 1984), 53-59.

7. Harris, *Fashion Me a People*, 119.

8. Ibid., 117.

9. 증언의 요소들에 대한 설명은 Paulo Freire, translator Myra Bergman Ramos, *Pedagogy of the Oppressed* (New York: Herder & Herder, 1971), 177 볼 것.

10. 마리아 해리스는 30년 동안 집필 작업을 하는 동안 *The D.R.E*

Book (New York: Paulist Press, 1971)과 *Parish Religious Education* (New York: Paulist Press, 1978)처럼 교구 종교교육을 검증하는 작품에서 *Teaching and Religious Imagination* (San Francisco: Harper & Row, 1987)과 *Proclaim Jubilee! A Spirituality for the Twenty-First Century* (Louisville, Ky.: Westminster John Knox Press, 1996)처럼 포괄적이면서 에큐메니칼한 방식으로 종교교육의 의미를 모색하는 쪽으로 전환했다. 내가 마리아의 작품에서 확인한 모티브들은 교수와 저술에 등장하지만, 어쩌면 그녀의 글에 더 쉽게 정리되어 있을지 모른다.

11. Maria Harris, *Women and Teaching: Themes for a Spirituality of Teaching* (Mahwah, N.J.: Paulist Press, 1988); idem, *Dance of the Spirit*; idem, *The Seven Steps of Women's Spirituality.* (New York: Bantam Books, 1989); idem, *Jubilee Time: Celebrating Women, Spirit and the Advent of Age* (New York: Bantam Books, 1995) 볼 것.

12. Harris, *Teaching and Religious Imagination*, 75.

13. David Purpel, *The Moral and Spiritual Crisis in Education*, (New York: Bergin & Garvey, 1989), 64.

14. Harris, *Proclaim Jubilee!*, 24.

15. Harris, *Fashion Me a People*, 75.

16. Harris, *Proclaim Jubilee!*, 3 볼 것. 해리스는 이 내용이 월터 부르그만(Walter Brueggemann)의 작품에서 영감을 얻은 것이라고 밝히고 있다.

17. Ibid., 96.

18. May Sarton, The Small Room (New York: W. W. Norton & Co., 1961), 248–49.

10장
결론

바바라 앤 킬리(Barbara Anne Keely)

깊이 있는 유산은 이와 같은 전기들 안에서 찾을 수 있다. 이 여성들은 다양한 방식으로 종교교육을 구체화하고 내용을 제공한다. 그들은 삶과 소명으로 신앙의 중재자가 되는 게 무엇을 의미하는지 제시한다.

그들은 풍성하고 의미 있는 삶을 살고 있다. 저마다 나름의 일화를 지니고 있다. 그것은 교회와 제자들에게 헌신한 여성의 것이거나, 아니면 처한 상황을 규정하는 소명을 지닌 다른 사람들과의 관계 속에서 보냈던 삶의 이야기일 수 있다. 일부는 자녀를 양육하지만, 모두가 종교교육의 미래 세대를 지도한다.

그들은 교수방법들을 다시 본다. 소피아 파즈는 어린이 중심 교육을 실험하고 교회의 어린이 교육에 대한 접근을 바꾸었다. 아이리스 컬리는 어린이 성서교육에 관해서 가르치고 글을 썼다. 성서를 활기차게 만들고 어린이들의 삶을 변화시키는 방식이었다. 청소년 사역한 집중한 새라 리틀의 유산에는 그런 헌신을 다음 세대 종교교육자들과 학자들에게 전달하는 게 포함된다.

가르치는 것은 충실하게 소명을 살고, 학습자를 일일이 존중하고 소중하게 여기는 방법이다. 이 여성들은 각 사람을 나이나 종교적 신념, 인종과 성별과 무관한 일종의 선물이고, 그들을 가르치는 것은 보답으로 제공되는 선물이라고 생각한다.

개인적인 신앙 때문에 일부 여성들은 정치적 성향이 급진적이다. 닐 머튼은 남부에서 통합을 위해 활동하면서 교회와 집회의 모습을 바꾸어 놓고 있다. 나중에 그녀는 일부 여성 선구자들처럼 하나님의 남성적 이미지를 여성과 남성에게 동일하게 생명을 부여하는 포괄적인 하나님으로 이미지를 재구성한다. 레티 러셀은 개인적인 것이 정치적인 것이고, 종교적인 교육은 역시 급진적이어야 한다고 가르친다. 종교교육은 종교전통을 전달하는 것에 국한될 수 없다. 하나님의 세계 전체에서 정의와 자비를 위해 일하도록 도전하는 방식으로 사람들에게 관여해야 한다.

이 여성들은 종교교육을 종교적 상상력으로 이해하고 있다. 창조적인 하나님을 사람들에게 교육하려면 창의성은 필수적이다. 홀다 니버는 미술, 음악 그리고 미학을 활용해서 제자들이 창조적인 교육자들이 되도록 힘을 실어준다. 마리아 해리스는 종교적 상상력을 통해 우리가 주제내용이고 또 우리가 교회로서 실천하는 모든 게 커리큘럼이라고 가르친다. 우리는 종교교육의 경계를 넘어서서 우리가 가진 것과 하나님의 이름으로 행하는 모든 것을 망라하도록 도전을 받고 있다.

이 여성들은 자신들의 소명에 충실한 삶을 살고 있다. 남성중심 사회나 교회와 어울리지 않을 때가 잦은 여성들은 미개척 분야를 개척한다. 첫 세대는 대부분 대학원 교수들이지만, 예외 없이 성 때문에 직업적인 한계에 직면한다. 교육자로서의 부름을 여전히 강력하게 확신하는 이들은 여성 안수를 위해 앞장서고 인종주의와 맞서고 있다.

이 여성들은 종교교육이 사람들을 각각 분리하는 게 아니라 전통을 서로 연결하고 대화를 발견하는 것이라는 사실을 일깨운다. 종교교육이 지나치게 지역주의로 흐르지 않을 수 있도록 노마 톰슨은 우리가 종교간 대화에 참여해서 종교교육이 오직 하나의 신앙전통에 국한되지 않도록 격려한다.

이 여성들은 스스로의 삶을 제대로 영위하고 있다. 그들의 일화를 읽으면서 나는 이 여성들이 열린 문만큼이나 많은 벽을 만나도 비전, 지성, 상상력, 헌신, 그리고 은총으로 삶과 사역을 감당해낼 수 있는 길을 계속해서 찾아낼 것이라는 생각을 거듭했었다. 나는 서론에서 이 여덟 명의 여성을 선구자와 멘터로 인정하자고 제안했다. 그들은 종교교육을 새롭게 평가할 수 있는 길을 찾도록 돕고 있다. 그들은 우리 모두에게 소명을 진지하게 받아들이고, 세계에 대한 시각을 넓히고, 그리고 다른 사람들에게 가서 똑같이 실천할 수 있게 가르치라고 도전한다.

참고문헌

1장

Barbara Anne Keely, *"Partnership and Christian Education in the Work of Letty M. Russell"* (Ed.D. diss., Presbyterian School of Christian Education, 1991).

Barbara Balliet and Debra Humpreys (ed.), *Women, Culture and Society: A Reader* (Dubuque, Iowa: Kendall/Hunt Publishing Co., 1992).

bell books, *Talking Back: Thinking Feminist, Thinking Black* (Boston: South End Press, 1989).

Betty A. Thompson, "Nelle Morton: Journeying Home," *Christian Century* 104 (August 26–September 2, 1987).

Cornwall Collective, *Your Daughters Shall Prophesy: Feminist Alternatives in Theological Education* (New York: Pilgrim Press, 1980).

Dorothy Jean Furnish, "Women in Religious Eucation: Pioneers for Women in Professional Ministry," in *Women and Religion in America*, Vol. 3: 1900–1968, ed. Rosemary Radford Ruether and Rosemary Skinner Keller (San

Francisco: Harper & Row, 1986).

Elizabeth A. Johnson, *She Who Is: The Mystery of God in Feminist Theological Discourse* (New York : Crossroad, 1992).

Fern M. Giltner, "Preface" in *Women's Issues in Religious Education*, ed. Fern M. Giltner (Birmingham, Ala.: Religious Education Press, 1985).

Fern M. Giltner, "Structure and Process," in Giltner, ed., *Women's Issues in Religious Education*, 132.

Gloria Durka, "The Religious Journey of Women: The Educational Task," *Religious Education* 77 (March–April 1982).

Iris Cully, "Women in Religious Education: An Overview," *The Living Light: An Interdisciplinary Review of Christian Education* 12 (spring 1975).

James E. Reed and Ronnie Prevost, *A History of Christian Education*, (Nashville, Tn.: Broadman Holman Publishers, 1993)

Judith Dorney, "Religious Education and the Development of Young Women." in Giltner, ed, *Women's Issues in Religious Education.*

Letty M. Russell, "Changing My Mind about Religious Education," *Religious Education* 79 (winter 1984).

Letty M. Russell, "Partnership in Educational Ministry," *Religious Education* 74 (March–April 1979).

Letty M. Russell, *Future of Partnership* (Philadelphia: Westminster Press, 1979).

Margaret Webster, "Imperative for Religious Education: The Integration of Theory and Practice," *Religious Education* 77 (March-April 1982).

Maria Harris, "Weaving the Fabric: How My Mind Has Changed," *Religious Education* 79 (winter 1984).

Maria Harris, *Women and Teaching: Themes for a Spirituality of Pedagogy* (New York: Paulist Press, 1988).

Marlene Mayr, *Modern Masters of Religious Education* (Birmingham, Ala.: Religious Education Press, 1983).

Mary Elizabeth Mullino Moore, *Teaching from the Heart: Theology and Educational Method* (Minneapolis: Fortress Press, 1991).

Mary Field Belenky, Blythe McVicker, Nancy Rule Goldberger, and Jill Mattuck Tarule, *Women's Ways of Knowing: The Development of Self, Voice and Mind* (New York: Basic Books, 1986).

Nelle Morton, "Feminist Movement," in *Halper's Encyclopedia of Religious Education*, ed. Iris V. Cully and Kendig Brubaker Cully (San Francisco: Harper Collins, 1990).

Nelle Morton, "Hearing to Speech," in *The Journey Is Home*, Nelle Morton (Boston: Beacon Press, 1985), 202-11.

Pamela Holliman, "Mentoring as an Art of Intentional Thriving

Together," in *The Arts of Ministry: Feminist-Womanist Approaches*, ed. Christie C. Neuger (Louisville, Ky.: Westminister John Knox Press, 1996).

Susan Thistlethwaite, "The Feminization of American Religious Education," *Religious Education* 76 (July-August 1981).

Thomas H. Groome, "Religious Knowing in an Age of Disbelief" (unpublished paper presented at APRRE meeting October 15, 1995).

Victor Roland Gold, Thomas L Hoyt, Jr., Sharon H. Ringe, Susan Brooks Thistlethwaite, Burton H. Throck Morton, Jr., and Barbara A. Wither, *The New Testament and Psalm: An Inclusive Version* (New York: Oxford University Press).

2장

Edith F. Hunter, "Sophia Lyon Fahs: Educator of Questioning Minds," *Religious Education* 79 (September-October 1978).

Edith Hunter, *Sophia Lyon Fahs* (Boston: Beacon Press, 1966).

Elizabeth Caldwell, *A Mysterious Mantle: The Biography of Hulda Niebuhr* (Cleveland: Pilgrim Press, 1994).

Elizabeth M. Manwell and Sophia Lyon Fahs, *Consider the Children, How They Grow* (Boston: Beacon Press, 1940).

Harris H. Parker, "The Union School of Religion, 1910-1929: Embers from th Fires of Progressivism." *Religious*

Education 86, 4(Fall 1991).

Jack L. Seymour, *From Sunday School to Church School: Continuities in Protestant Church Education in the United States,* 1860-1929 (Lanham, Md: University Press of America, 1982).

Lawrence A. Cermin, *The Transformation of the School: Progressivism in American Education,* 1876-1957 (New York: Vintage Books, 1961).

Lawrence A. Cremin, *American Education: The Metropolitan Experience,* 1876-1980 (New York: Harper & Row, 1988), 168-70, 501-2

Ralph P. Bridgeman and Sophia L. Fahs, "The Religious Experience of Pupils in the Experimental School of Religion," *Religious Education* 20, 2 (April 1925).

Robert T. Handy, *A History of Union Theological Seminary in New York* (New York: Columbia Univrity Press, 1987).

Ruth Miriam Fahs, Sophia Lyon Fahs, "Our Children's Thoughts of Death." The *Mother's Magagine* (May 1916).

Sophia Lyon Fahs, "Growth Both Wide and Deep," 1959, Unpublished typed manuscript signed, Meadville/Lombard Theological Seminary Library, Chicago.

Sophia Lyon Fahs, "Has Missionary Education Promoted World-Mindedness at Home?" *Religious Education* 21, 2 (April 1926).

Sophia Lyon Fahs, "Necessary Changes in Religious Education: Changes Necessary in Elementary Religious Education due to Conflicts between Science and Religion," Religious Education23, 4 (April 1928).

Sophia Lyon Fahs, "Religion in the Public School … Values at Stake," *Childhood Education* 18, 6 (February 1942).

Sophia Lyon Fahs, "The Beginnings of Religion in Baby Behavior," *Religious Education* 25, 10 (December 1930).

Sophia Lyon Fahs, "The Future and Religious Education" Religious Education 66, 6 (November–December 1971).

Sophia Lyon Fahs, *A New Ministry to Children* (Boston: Council of Libral Churches, Division of Education, 1945).

Sophia Lyon Fahs, *Beginnings of Life and Death. A Guide for Teachers and Parents* (Boston: Beacon Press, 1939).

Sophia Lyon Fahs, class exercise, n.d., TMsS, Andover–Harvard Library Archives, Cambridge Massachusetts.

Sophia Lyon Fahs, course bibliographies, 1931–1936, Unpublished typed manuscript signed, Andover–Harvard Library Archives, Cambridge, Massachusetts.

Sophia Lyon Fahs, *Today' s Children and Yesterday' s Heritage: A Philosophy of Creative Religious Development* (Boston: Beacon Press, 1952).

Sophia Lyon Fahs. "Some of the Unsolved Problems Inherent in Children' s Worship Service" *Religious Education* 20,

5(October 1925).

Stephen A. Schmidt, *A History of the Religious Education Association* (Birminghum, Ala.: Religious Education Press, 1983).

Sydney E. Alstrom, *A Religious History of the American People 2* (Garden City, Ny.: Image Books, 1972).

William R. Hutchison, *The Modernist Impulse in American Protestantism* (Durham, N.C: Duke University Press, 1992).

3장

Arthur R. Mckay, "Hulda Niebuhr as Teacher," *McCormick Speaking* 12, 4 (1959).

Elizabeth F. Caldwell, *A Mysterious Mantle: The Biography of Hulda Niebuhr* (New York: United Church Press, 1994).

Hulda Niebuhr, "A Seeming Dilemma in Christian Education," *McCormick Speaking* 7, 1 (1953).

Hulda Niebuhr, "Communicating the Gospel through Christian Education," *McCornick Speaking* 11, 6, (1958).

Hulda Niebuhr, "Is Christian Education True to its Reformation Heritage?" *McCormick Speaking* 10, 8 (1957).

Hulda Niebuhr, "Junior Sermon," in *Twentieth Century Encyclopedia of Religious Knowledge* (Grand Rapids: Braker Book House, 1955).

Hulda Niebuhr, "Know Children as Persons." *Christian Century* (3 April 1947).

Hulda Niebuhr, "Parental Education in the Church," *International Journal of Religious Education* 6, 1 (October 1929).

Hulda Niebuhr, "Red Roses and Sin," *The Pulpit,* (June 1958).

Hulda Niebuhr, "Spiritual Progenitors," *The Pulpit,* no 266 (June 1955).

Hulda Niebuhr, letter to Harry Cotton, President of McCormick Theological Seminary, 11 December 1945, in Archives, Jesuit-Krauss-McCormick Library, McCormick Theological Seminary, Chicago.

Hulda Niebuhr, letter to Harry Cotton, president of McCormick Theological Seminary, 2 March 1945, in Archives, Jesuit-Krauss-McCormick Library, McCormick Theological Seminary, Chicago.

Hulda Niebuhr, letter to Ted Braun, 3 February 1959, in Archives, Jesuit-Krauss-McCormick Library, McCormick Theological Seminary, Chicago.

June Bingham, *Courage to Change: An Introduction to the Life and Thought of Reinhold Niebuhr* (New York: Charles Scribner's Sons, 1961).

Mary Duckert, "Interpreters of Our Faith: Hulda Niebuhr," *A.D.* (Sptember 1976).

William Chrystal, *A Father's Mantle: The Legacy of Gustav*

Niebuhr (New York: Pilgrim Press, 1982).

4장

Betty A. Thompson, "Nelle Morton: Journeying Home, *Christian Century* (August 26, 1987).

Catherine Keller, "Nelle Morton: 'Hearing to Speech,'" Christian Century (February 7–14, 1990).

John A. Salmond, "The Fellowship of Southern Churchmen and Interracial Change in the South," *North Carolina Historical Review* 61, 2 (April 1992).

Maria Harris, *Fashion Me a People* (Louisville, Ky: Westminster / John Knox Press, 1989).

Nelle Morton "How Images Function," Religious Education 60, 6 (November–December 1963).

Nelle Morton, "Listening to Children." *International Journal of Religious Education* 36, 11 (July–August 1960).

Nelle Morton, "Myths and Truths in Theology," Presbyterian Survey (November 1984).

Nelle Morton, "The Drama of Social Protest," *Social Action* 32, 4 (December 1965).

Nelle Morton, "Toward the Church's Self-Understanding is Race Relations," *Drew Gateway* 30 (autumn 1959).

Nelle Morton, *The Journey Is Home* (Boston: Beacon Press, 1985).

5장

Iris V. Cully, *Education for Spiritual Growth* (San Francisco: Harper & Row, 1984).

Iris V. Cully "Persons, Places, and Ideas That Have Influenced Me," *Lexington Theological Quarterly* 13 (July 1978).

Iris V. Cully, "Pastors as Teachers," *Religious Education* 74 (March-April 1979).

Iris V. Cully, "Women in Religious Educaion: An Overview," *Living Light: An Interdisciplinary Review of Christian Education* 12 (spring 1975).

Iris V. Cully, *Change, Conflict, and Self-Determination: Next Steps in Religious Education* (Philadelphia: Westminster Press, 1972).

Iris V. Cully, *Children in the Church* (Philadelphia, Westminster Press, 1960).

Iris V. Cully, *Christian Child Development* (San Francisco : Haper & Row, 1979).

Iris V. Cully, *Planning and Selecting Curriculum for Christian Education* (Valley Forge, Pa: Judson Press, 1983).

Iris V. Cully, *The Bible in Christian Education* (Minneapolis: Fortress Press, 1995).

Iris V. Cully, *The Dynamics of Christian Education* (Philadelphia, Westminster Press, 1958).

Iris V.Cully, *Imparting the Word: The Bible in Cbristian*

Education (Philadelphia: Westminster Press, 1962).

6장

Norma Thompson (ed.), *Religious Education and Theology* (Birmingham, Ala.: Religious Eduction Press, 1989).

Norma Thompson and Bruce Cole, *The Future of Jewish-Christian Relations* (Schenectady, NY: Character Research Press, 1982).

Norma Thompson, "Christian Education Where You Find It," *International Journal of Religious Education* 41, 3 (November 1964).

Norma Thompson, "The Covenant Concept in Judaism and Christianity," *Anglican Theological Review* (1982).

Norma Thompson, *Religious Pluralism and Religious Education* (Birmingham, Ala.: Religious Education Press, 1988).

7장

Sara Little, " 'Experiments with Truth' : Education for Leadership," in *Caring for the Commonweal*, ed. Parker Palmer, Barbara Wheeler, and James Fowler. (Macon, Ga. Mercer University Press, 1990).

Sara Little, "An Approach to Teaching about Teaching," *in*

Process and Relationship, ed. Iris V. Cully and Kendig
Brubaker Cully (Birmingham, Ala. : Religious Education
Press, 1978).

Sara Little, "Paul Herman Vieth: Symbol of a Field in Transition,"
Religious Education 59, 3 (1964).

Sara Little, "Reformed Theology and Religious Education," in
Theologies of Religious Education, ed. Randolph Crump
Miller (Birmingham, Ala: Religious Education Press, 1995).

Sara Little, "The 'Clue' to Religious Education," Union Seminary
Quarterly Review 47, 3-4 (1993).

Sara Little, "Theology and Religious Education," in Foundations
For Christian Education in an Era of Change, ed. Marvin
J. Taylor (Nashville: Abingdon Press, 1976).

Sara Little, "Theology and Religious Education," in Harper's
Encyclopedia of Religious Education, ed. Iris V. Cully and
Kendig Brubaker Cully (San Francisco: HarperCollins,
1990).

Sara Little, "What We Should Not Forget," PACE : Professional
Approaches for Christian Educators 24 (February 1995).

Sara Little, The Language of the Christian Community
(Richmond: CLC Press, 1965).

Sara Little, The Role of the Bible in Contemporary Christian
Education, (Richmond: John Knox Press, 1961).

Sara Little, To Set One's Heart: Belief and Teaching in the

Church (Atlanta: John Knox Press, 1983).

Sara Little, *Youth, World, and Church* (Richmond: John Knox Press, 1968).

8장

JoAnn DeQuattro, Rhonda Meister, Marjorie Yuite, and Judy Varghn, comps, *How To Skills with a Feminist Perspective* (National Assembly of Religious Women, USA, 1988).

Letty M. Russell (ed.), *Changing Contexts of Our Faith* (Philadelphia: Fortress Press, 1985).

Letty M. Russell, "Changing My Mind about Religious Education," *Religious Education* 79 (winter 1984).

Letty M. Russell, "Doing Liberation Theology with All Ages," *Church Educator* (February 1978).

Letty M. Russell, "Education as Exodus," *Mid-Stream* 19 (January 1980).

Letty M. Russell, "Education as Transformation: Feminist Perspectives on the Viability of Ministerial Formation Today," *Ministerial Formation* 74 (July 1996).

Letty M. Russell, "Education in Action," Manhattan College Magazine (December 1970).

Letty M. Russell, "Handing on Traditions and Changing the World," in *Tradition and Transformation in Religious*

Education, ed. Padraic O'Hare (Birmingham, Ala.: Religious Education Press, 1979).

Letty M. Russell, "How Do We Educate and for What? Reflections on U.S. Graduate Theological Education," *Journal of the Interdenominational Theological Center* 15(fall 1987-spring 1988).

Letty M. Russell, "Partnership in Educational Ministry," *Religious Education* 74 (March-April 1979).

Letty M. Russell, "Team Ministry in the East Harlem Protestant Parish: An Adventure in Lay Ministry" (speech, n.d.; late 1960s), 1. Photocopy provided by Dr. Russell.

Letty M. Russell, "The Power of Partnership: Confonting Racism, Sexism and Classism in the Church" (speech given November 1982).

Letty M. Russell, "Tradition as Mission: Study of the New Current in Theology and Its Implications for Theological Education," (Th.D. diss., Union Theological Seminary, New York, 1969).

Letty M. Russell, *Christian Education in Mission* (Philadelphia: Westminster Press, 1967), 9.

Letty M. Russell, *Daily Bible Readings* (New York: East Harlem Protestant Parish; 1960-68), published quarterly; Letty M. Russell, *Christian Education Handbook* (New York: East Harlem Protestant Parish, 1966).

Letty M. Russell, *Future of Partnership* (Philadelphia: Westminster Press, 1979).

Letty M. Russell, *Growth in Partnership* (Philadelphia: Westminster Press, 1981).

Letty M. Russell, *Household of Freedom: Authority in Feminist Theology* (Philadelphia Westminster Press, 1987).

Letty M. Russell, *Human Liberation in a Feminist Perspective-A Theology* (Philadelphia: Westminster Press, 1974).

Letty M. Russell, *The Church in the Round: Feminist Interpretation of the Church* (Louisville, Ky.: Westminster / John Knox Press, 1993).

Russell, *Christian Education Handbook*, 7.

Thomas Groome, "Letty Russell: Keeping the Rumor Alive," *Religious Education* 77 (May–June 1982).

9장

Alfred North Whitehead, *The Aims of Education* (New York: Macmillan Co., 1929).

Audre Lorde, "Uses of the Erotic," in *Sister Outsider* (New York: Crossing Press, 1984).

David Purpel, *The Moral and Spiritual Crisis in Education* (New York: Bergin & Garvey, 1989).

Maria Harris, *Dance of the Spirit* (New York: Bantam Books,

1989).

Maria Harris, *Fashion Me a People* (Louisville, ky.: Westminster / John Knox Press, 1989).

Maria Harris, *Jubilee Time: Celebrating Women, Spirit and the Advent of Age* (New York: Bantam Books, 1995).

Maria Harris, *Parish Religious Education* (New York: Paulist Press, 1978).

Maria Harris, *Proclaim Jubilee! A Spirituality for the Twenty-First Century* (Louisville, Ky.: Westminster John Knox Press, 1996).

Maria Harris, *Teaching and Religious Imagination* (San Francisco: Harper & Row, 1987).

Maria Harris, *The D.R.E Book* (New York: Paulist Press, 1971).

Maria Harris, *The Seven Steps of Women's Spirituality* (New York: Bantam Books, 1989).

Maria Harris, *Women and Teaching: Themes for a Spirituality of Teaching* (Mahwah, N.J.: Paulist Press, 1988).

May Sarton, The Small Room (New York: W. W. Norton & Co., 1961).

Paulo Freire, translator Myra Bergman Ramos, *Pedagogy of the Oppressed* (New York: Herder & Herder, 1971).